中华人民共和国海船船员适任评估教材

交通运输类"十四五"创新教材

符合《海船船员适任评估规范（2024版）》评估要求

轮机实操评估Ⅵ
——船舶电工工艺和电气设备

Ⓜ 中国海事服务中心 组织编写

大连海事大学出版社
DALIAN MARITIME UNIVERSITY PRESS

ⓒ中国海事服务中心　2025

图书在版编目(CIP)数据

轮机实操评估. Ⅵ, 船舶电工工艺和电气设备／中国海事服务中心组织编写. — 大连：大连海事大学出版社, 2025.6. — (中华人民共和国海船船员适任评估教材). — ISBN 978-7-5632-4725-7

Ⅰ. U66

中国国家版本馆 CIP 数据核字第 20257D11B0 号

大连海事大学出版社出版

地址：大连市黄浦路523号　邮编：116026　电话：0411-84729665（营销部）　84729480（总编室）
http://press.dlmu.edu.cn　　E-mail：dmupress@dlmu.edu.cn

大连天骄彩色印刷有限公司印装	大连海事大学出版社发行
2025 年 6 月第 1 版	2025 年 6 月第 1 次印刷

幅面尺寸：184 mm×260 mm　　　　字数：149 千　　　　印张：6

出版人：余锡荣

策　　划：李明阳	组　　稿：沈荣欣
责任编辑：刘若实	责任校对：刘长影
封面设计：张爱妮	版式设计：张爱妮

ISBN 978-7-5632-4725-7　　　定价：25.00 元

中华人民共和国海船船员适任评估教材

编审委员会

主　　任：单红军
委　　员：(按姓氏笔画排序)
　　　　　于忠武　王　勇　万　健　吴中平　吴丽华　施祝斌
　　　　　唐强荣　温华兵　曾庆成

审定委员会

主　　任：单红军
委　　员：(按姓氏笔画排序)
　　　　　马洪涛　王平义　王明春　王　琪　吕　明　刘金华
　　　　　刘锦辉　闫松银　李忆星　李　丽　李明月　杨甲奇
　　　　　肖亚明　何江华　张庆宇　张守波　陈东水　陈常晖
　　　　　周明顺　黄江昆　景向伟

编写委员会

主　　任：曾庆成
执行主任：王　勇　余锡荣　张玉波
副 主 任：(按姓氏笔画排序)
　　　　　王方金　王希行　方　诚　邓　华　邓志华　叶晓飞
　　　　　代勇刚　曲　涛　朱永祥　朱耀辉　刘月鹏　刘世伟

刘志军　刘克忠　刘宗正　刘宪珍　许　亮　孙长飞
李先强　李江华　李　志　李明阳　李　颖　李　翼
杨神化　吴晓赟　何　毅　汪益兵　张世峰　张芳亮
张秀霞　张洪朋　张　洋　张　强　邵国余　范　鑫
林杰民　林珊仟　周欣花　郑学贵　俞万能　俞文胜
贾宝柱　徐言民　徐　攀　郭文波　郭　敏　唐　锋
黄党和　盛进路　隋江华　彭周华　董远志　蒋庆伟
程文阁　曾冬苟　曾志伟　黎冬楼　薛丛华　魏　安

委　　员：(按姓氏笔画排序)

王立军　王建军　王　勇　王乃璋　王维伟　韦国栋
方　力　卢艳民　田学军　付乾坤　冯海龙　宁　波
吕二广　吕建明　朱永强　刘长青　刘沁源　刘新亮
关长辉　江建华　许志彬　许媛媛　苌占星　李连博
李继凯　李道科　李富玺　杨双齐　杨　林　杨　栋
吴叶平　沈荣欣　张一久　张　华　张远强　张　明
张春阳　张选军　张　磊　陆宝成　陈永利　陈丽芬
陈维军　武　斌　林　郁　岳现杰　金建元　念　静
周娅琼　宗永刚　赵志强　赵俊豪　赵贵竹　郝振钧
胡贤民　柯洋洋　姜广丰　夏　楷　奚　瑞　高世有
高　颖　高增云　席建龙　唐德才　黄　华　黄兴旺
阎　义　蒋　龙　韩晓春　温清洪　赖云灵　赖　强
雷绍权　裴景涛　戴　武

前 言

作为全球贸易主动脉的海洋运输,承载着 90% 以上的国际货物流动,在世界经济格局中发挥着举足轻重的作用。海船船员是全球航运体系的核心,其专业素养与适任能力直接决定着全球海上物流链的安全畅通与运营效能。在智能船舶技术日新月异、新能源装备迭代升级、自动化系统深度应用的当代航运变革中,国际公约和国内海事管理法规亦呈现动态演进态势,这些深刻变化对海船船员的知识架构、技术应用与应急处置能力提出了前所未有的高标准。

为精准对标高素质船员培养标准,打造与世界一流海运强国相匹配的船员队伍,交通运输部海事局颁布了《海船船员适任评估规范(2024 版)》,并于 2025 年 4 月 1 日正式实施。此规范旨在通过科学、系统的评估体系,确保船员具备与岗位相匹配的专业技能与素质。鉴于这一重要背景,中国海事服务中心积极响应行业需求,凝聚行业专家智慧,组织编写了这套《中华人民共和国海船船员适任评估教材》。该系列教材严格遵循评估规范要求,结构严谨,重点突出,实用性强,既为船员备考提供精准指导,又着力于培训过程中对船员实操技能与复杂场景处置能力的强化,切实提升船员的岗位胜任能力。

本套评估教材分为航海、轮机、电子电气三大专业,共 16 册。

航海专业包括:《航海实操评估 I ——船舶操纵、避碰与驾驶台资源管理》《航海实操评估 II ——航次计划、气象传真图分析》《航海实操评估 III ——货物积载与系固》《航海实操评估 IV ——航线设计、电子海图显示与信息系统》《航海实操评估 V ——航海仪器的使用、雷达操作与应用》《航海实操评估 VI ——GMDSS 设备操作》《航海实操评估 VII ——水手工艺、水手值班》;

轮机专业包括:《轮机实操评估 I ——轮机模拟器、动力装置测试分析与操作》《轮机实操评估 II ——机舱资源管理》《轮机实操评估 III ——动力设备拆装》《轮机实操评估 IV ——电气与自动控制》《轮机实操评估 V ——动力设备操作》《轮机实操评估 VI ——船舶电工工艺和电气设备》《轮机实操评估 VII ——金工工艺》;

电子电气专业包括:《电子电气员实操评估 I ——船舶电站操作与维护、船舶电子电气管理与工艺》《电子电气员实操评估 II ——通信与导航设备维护、计算机与自动化》。

本套评估教材的出版具有多重意义。一是有利于行业发展,通过系统提升船员实操能力,为航运业转型升级注入强劲动能,推动我国航运业向绿色航运、智慧航运发展;二是有益于船员职业发展,引导船员精准掌握实训要点,提高培训效率和学习效果;三是有助于评估考试管理,为海船船员适任评估工作提供更加符合行业需求的标准和内容,推动海船船员适任评估工作从实施流程、评估方式到评判标准的全国统一。

中国海事服务中心邀请全国航海院校知名专家,航运企业资深船长、轮机长,以及海事局船员考试领域业务骨干共同参与本套评估教材的编写和审定工作。编审团队深度融合国际公约、国内法规最新要求与航海新技术发展趋势，注重理论联系实际，突出"用、学、考"一体化思维，通过贴合实际的案例、深入浅出的讲解，阐明评估要义，突出评估要点，使整套评估教材既具专业深度又易学易用。我们衷心期望这套凝聚航海智慧的评估教材能够成为广大船员职业成长的加速器，为我国高素质船员队伍建设发挥积极作用。同时，也热忱欢迎行业同仁和广大船员对本套评估教材提出宝贵意见和建议，以便我们不断完善，使其更好地服务于我国的航海事业。

中国海事服务中心

2025 年 4 月

编者的话

《STCW 公约马尼拉修正案》生效后，交通运输部对《海船船员适任考试和发证规则》进行了修订，并配套编制了《海船船员适任评估规范（2012 版）》。随着海事公约的修订，以及船舶设备的更新和新技术的应用，该规范部分内容已不相适应，亟需修订。于是，《海船船员适任评估规范（2024 版）》应运而生，其在评估项目、内容、时长、任务、场景、要素、评判标准及方式等方面都进行了调整和优化。为配合《海船船员适任评估规范（2024 版）》的实施，满足海船船员适任评估和培训的需要，我们编写了《轮机实操评估Ⅵ——船舶电工工艺和电气设备》教材。

本书共分五章，内容包括：船舶常用电工仪表的使用，船舶常用电气设备的管理与维护，船用电动机的管理与维护，船用照明设备的维护，蓄电池的使用与维护。本书主要面向参加海船船员适任评估的考生，也可作为航海院校轮机工程专业学生的实操训练参考资料，以及航运企业对船员进行相关技能培训的教材。通过使用本书，读者能够更好地理解和掌握船舶电工工艺和电气设备的实操技能，以满足新版适任评估规范的要求。

本书由大连海事大学吴浩峻、江苏海事职业技术学院孙立新、江苏航运职业技术学院孙巧梅主编。中国海事服务中心王乃璋、上海海事局裴永兴、福建海事局陈志武担任本书主审。全书最后由吴浩峻统稿。希望本书能为广大读者在海船船员适任评估及相关航海实践中提供有力帮助，也期待大家对本书提出宝贵意见和建议，以便我们不断完善。

编者
2025 年 4 月

目 录

第一章　船舶常用电工仪表的使用 ………………………………………………… 1
　第一节　万用表的使用 …………………………………………………………… 1
　第二节　钳形电流表的使用 ……………………………………………………… 7
　第三节　交流电压和交流电流表的使用 ………………………………………… 9
　第四节　便携式兆欧表的使用 …………………………………………………… 13
　第五节　评估练习题(船舶常用电工仪表的使用) ……………………………… 19

第二章　船舶常用电气设备的管理与维护 ………………………………………… 28
　第一节　继电器、接触器的维护 ………………………………………………… 28
　第二节　压力继电器、温度继电器的参数整定 ………………………………… 32
　第三节　时间继电器的参数整定 ………………………………………………… 36
　第四节　热继电器的参数整定 …………………………………………………… 37
　第五节　评估练习题(船舶常用电气设备的管理与维护) ……………………… 40

第三章　船用电动机的管理与维护 ………………………………………………… 41
　第一节　船用电动机的维护保养 ………………………………………………… 41
　第二节　船用电动机的处理 ……………………………………………………… 52
　第三节　船用电动机的故障判断 ………………………………………………… 54
　第四节　船用电动机的接线 ……………………………………………………… 59
　第五节　评估练习题(船用电动机的管理与维护) ……………………………… 67

第四章　船用照明设备的维护 ……………………………………………………… 71
　第一节　安装与检修船用灯具 …………………………………………………… 71
　第二节　常见灯具的检修 ………………………………………………………… 76
　第三节　评估练习题(船用照明设备的维护) …………………………………… 79

第五章　蓄电池的使用与维护 ……………………………………………………… 81
　第一节　蓄电池的使用 …………………………………………………………… 81
　第二节　蓄电池的维护与保养 …………………………………………………… 84
　第三节　评估练习题(蓄电池的使用与维护) …………………………………… 86

第一章

船舶常用电工仪表的使用

电工仪表是用于测量电流、电压、功率、相位、频率等电量的仪器。通过变换器的转换,它还可以间接测量温度、压力、速度等各种非电量。对于船舶电气设备管理人员而言,了解电工仪表的基本原理,掌握电工仪表的使用方法非常必要。

本章主要介绍以下内容:万用表的使用、钳形电流表的使用、交流电压和交流电流表的使用,以及便携式兆欧表的使用。

第一节 万用表的使用

(本节内容适用于:750 kW 及以上船舶二/三管轮、未满 750 kW 及以上船舶二/三管轮)

万用表是一种多功能、多量程的便携式电工仪表,通常可用于测量直流电流、交直流电压和电阻。部分高级万用表还可测量电容、功率、晶体管共射极直流放大系数(h_{FE})等。

万用表的型号繁多,功能略有差别,但基本结构和工作原理相似。目前,常用的类型包括模拟式万用表和数字式万用表两种。模拟式万用表又称指针表或机械表,其特点是读数麻烦,需要注意表棒极性,功能少、误差大,但在观察电容充放电过程时很直观;数字式万用表又称电子表,其特点是精度高、功能强大、读数便捷、自动识别性极性,具有完善的保护功能,缺点是测量变化性强的信号时数字来回跳动。

一、模拟式万用表的面板与测量电路

现以较为常用的 MF-47 型模拟式万用表为例,介绍其面板结构、测量电路、使用前的准备工作、使用注意事项和使用方法。

图 1-1 展示了 MF-47 型模拟式万用表的面板示意图,其主要由插孔、挡位选择开关、调零旋钮和刻度盘构成。

图 1-1　MF-47 型模拟式万用表的面板示意图

1. 插孔

万用表面板设有 4 个独立插孔和 1 个 6 孔组合插孔。标有"+"字样的为红表棒插孔；标有"COM（或-）"字样的为黑表棒插孔；标有"10 A"字样的为大电流插孔，当测量 500 mA～10 A 范围内的电流时，红表棒应插入该插孔；标有"2 500 V"字样的为高电压插孔，当测量 1 000～2 500 V 高电压时，红表棒应插入此插孔。6 孔组合插孔为三极管测量插孔，其中标有"N"字样的 3 个孔为 NPN 型三极管的测量插孔，标有"P"字样的 3 个孔为 PNP 型三极管的测量插孔。

2. 挡位选择开关

挡位选择开关的功能是切换不同的测量挡位。开关的所有位置都刻在它周围的表盘上，按测量的对象把开关的位置分为欧姆挡、交流电压挡、直流电压挡、直流电流毫安挡和放大倍数挡等五个挡位，并且每个挡位都设有多个量程。测量时一定要确认开关所处的挡位与被测量参数一致，否则可能造成仪表的损坏。

3. 调零旋钮

万用表面板上有两个旋钮：机械调零旋钮和欧姆调零旋钮。

机械调零旋钮的功能是在测量前，将表针调到电压/电流刻度尺的"0"位。欧姆调零旋钮的功能是在使用电阻挡测量时，红、黑表棒需短接，将指针调至欧姆刻度尺的"0"位。

4. 刻度盘

图 1-2 是 MF-47 型模拟式万用表刻度盘，刻度盘用来指示被测量值的大小，它由 1 根指针和 6 条刻度尺组成，最常用的是 2 条刻度尺。其中，标有"Ω"字样的为欧姆刻度尺，用于测量电阻阻值。这条刻度尺最右端刻度表示阻值最小（0 Ω），最左端刻度表示阻值最大（∞），刻度分布层不均匀。在未测量时，指针自动指在左端"∞"处。

图 1-2　MF-47 型模拟式万用表刻度盘

欧姆挡的不同量程是用"×1""×10""×100""×1 k""×10 k"等倍率标识。实际测量时,实际电阻值的计算公式为:

$$被测电阻实际电阻值=指针读数×倍率(单位:\Omega)$$

例如:将挡位选择开关放在"×1 k"的量程,指针的读数是 30,则这只电阻的实际阻值为:30×1 k = 30 000 Ω。

标有"ACV/DCV"(左侧)和"DCA"(右侧)字样的为交/直流电压和直流电流刻度尺。(注:其他刻度尺功能……)在测量交/直流电压和直流电流时都查看该刻度尺。该刻度尺最左端刻度表示最小值,最右端刻度表示最大值,下方标有三组刻度值,它们的最大量程分别是 250、50 和 10。

被测线路的实际值计算公式:

$$被测实际值=指针读数×(量程值/满偏刻度值)$$

式中:满偏刻度值是指 3 组中所选任一组刻度值的最大值。

例如:如挡位选择开、关置于"500 V"量程挡测量时,指针若指在第二组刻度值的最大刻度 50 处,则此时测量的电压值为 500 V(而不是 10 V 或 250 V)。

图 1-3 展示了 MF-47 型模拟式万用表测量电路简图,表头 A 是高灵敏度的磁电式直流电流表,用以指示被测量的数值。满刻度时,流过指针的电流为几微安至几百微安;电位器 RP 是欧姆挡欧姆调零电阻;SA 是挡位选择开关。

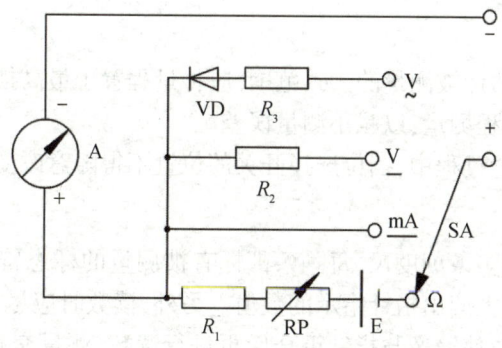

图 1-3　MF-47 型模拟式万用表测量电路简图

内部有两个电池:测量电阻时,9 V 方形电池用于高电阻量程(×10 k),2 号 1.5 V 电池用于低电阻量程。

二、模拟式万用表使用前的准备工作

使用模拟式万用表前,需要安装电池、机械调零和安插表棒。

1. 安装电池

在使用万用表前,需要给万用表安装电池。若不安装电池,电阻挡和三极管放大倍数挡将无法使用,但电压、电流挡仍可使用。MF-47 型万用表需要配备 9 V 和 1.5 V 两个电池,其中 9 V 电池专供 $R×10\ k\Omega$ 高阻挡使用,1.5 V 电池用于其他电阻挡和三极管放大倍数测量挡。安装电池时,一定要注意电池的极性不能装错。

2. 机械调零

在出厂时,大多数厂家已对万用表进行了机械调零,对于某些原因造成指针未在零位(左侧∞处)时,可以自己进行机械调零。

3. 安插表棒

万用表有红、黑两根表棒。在测量时,红表棒要插入标有"+"字样的插孔,黑表棒要插入标有"−"字样的插孔。

三、模拟式万用表的使用注意事项

万用表使用时要按正确的方法进行操作,否则会使测量值不准确,重则会烧坏万用表,甚至会触电危害人身安全。

1. 正确选择挡位和插孔

测量某一电量前,首先确定挡位选择开关位置和表棒所在的插孔须与被测量的电量相符。如果使用欧姆挡测量交流电压,就容易烧毁万用表。在测量时,绝不允许用手接触表棒的金属部分,否则会发生触电或影响测量精度。

为了排除表棒是否存在断线等故障,万用表使用前应在"Ω"挡任意量程短接红、黑表棒测量。

2. 正确选择量程

在测量前,如果无法估计被测量的大致范围,应将量程置于最高挡粗测,以防止指针损坏,然后逐渐转换到合适的量程测量,以减小测量误差。

要注意:万用表在测量过程中,挡位选择开关的位置不得随意改变或带电切换。

3. 正确读数

万用表的表盘上有很多条刻度尺,每一条都标有被测量的标志符号,读数时,应根据被测参数类型在相应的刻度尺上读出指针指示的数值。另外,读数时应尽量使视线与表盘面垂直;对装有反射镜的万用表,应使镜像与指针重合后再进行读数;测量交直流电流或电压时,在读数时尽量使指针工作在满量程的 1/2 或 2/3 以上区域;测量电阻时,则应尽量使指针接近该挡中心刻度值。

4.测量直流时要注意极性

测量直流电压或电流时,要注意仪表的正负极性。测量电压时,须将仪表并联在电路上,红表棒应接被测量电路中电位较高的一端;测量电流时,仪表必须串联在电路中,电流应从红表棒流入表头。对于未知的电阻,先用交流挡位去测量判别后,再正确测量。

5.电阻测量时的注意事项

测量电路中的电阻时,被测电阻至少有一端与电路完全断开,并将电路中的电源断开;测量时,要先进行欧姆调零,而且每改变一次量程,都必须重新调零;测量小电阻时,要注意接触电阻。测量大电阻时要避免并入人体接触电阻;在使用间隙,不要让两根表棒短接,以免消耗电池电量;如果电路中有电容存在,应先将电容器放电后再测量。

欧姆调零时,如果调零旋钮无法将表针调到欧姆刻度尺的"0"位,一般为万用表内部电池用量不足,需更换新电池。

6.电压电流的有效值测量

传统指针式万用表仅适用于测量正弦电压或电流的有效值,无法测量非正弦信号。

7.高压测量时的插孔选择

测量2 500 V的交流或直流电压时,红表棒要插在"2 500 V"的插孔上,并要注意安全防护(注意:高压测量时必须戴高压绝缘手套和护目镜。对于2 500 V及以上的高压测量,指针式万用表并非最佳选择,建议用其他高压测量工具)。

8.测量完毕后挡位选择开关的正确位置

万用表测量完毕后,应将挡位选择开关旋至"OFF"挡;若无此挡位,则需置于交流电压挡最大量程上,以保证仪表安全。

四、数字式万用表的使用方法和注意事项

与模拟式仪表相比,数字式仪表具有灵敏度高、准确度高、显示清晰、过载能力强、便于携带及使用更简单等优点。普及型的数字式万用表的电路结构、装配方式、性能指标较为相似。

数字式万用表主要是在模拟式万用表的基础上,以数字电压表为核心,将内部的模拟电路等优点为数字电路,并把传统表头换成液晶屏。它由阻容滤波器、前置放大器、模数转换器(A/D)、发光二极管显示器(LED)、液晶显示器(LCD)及保护电路等组成。当然,由于具体结构和功能的强弱不同,每种万用表还有其各自复杂程度不同的特殊附加电路。

数字式万用表的使用方法与模拟式万用表基本一致,但需注意数字式万用表使用时,必须把电源开关打开。使用后,对于无自动关断电源功能的数字式万用表,必须关断电源,挡位选择开关置于"OFF"位置。

下面以VC9802型数字式万用表为例(如图1-4所示),简单介绍其使用方法和注意事项。

图 1-4 VC9802 型数字式万用表

1. 使用方法

①使用前,应认真阅读有关的使用说明书,熟悉电源开关、挡位及量程选择开关、插孔的作用。

②将电源开关置于"ON"位置。确保万用表状态良好,检查电池电量是否充足。数字万用表通常会在电池电量不足时显示提示(如低电量符号或屏幕变暗)。

③交直流电压的测量:根据需要将量程开关拨至"V-"(直流)或"V~"(交流)的合适量程,红表笔插入"VΩ"孔,黑表笔插入"COM"孔,并将表笔与被测线路并联,读数即可以在液晶屏显示。测量直流电压时,将红表笔接触被测电路的正极(+),将黑表笔接触被测电路的负极(-)。如果无法确定正负极,可以先尝试测量,若显示负值,说明表笔接反,此时只需交换表笔即可。现代数字式万用表通常具有防反接保护功能,接反后不会损坏万用表。虽然万用表本身不会损坏,但在测量高电压时仍需谨慎,避免触电或短路。

④交直流电流的测量:将量程开关拨至"A-"(直流)或"A~"(交流)的合适量程,红表笔插入 mA 孔(<200 mA 时)或 20 A 孔(>200 mA 时),黑表笔插入 COM 孔,并将万用表串联在被测电路中即可。测量直流量时,数字式万用表能自动显示极性。

⑤电阻的测量:将量程开关拨至"Ω"挡的合适量程,红表笔插入"VΩ"孔,黑表笔插入"COM"孔。如果被测电阻值超出所选择量程的最大值,万用表将显示"1",此时应选择更高的量程。测量电阻时,红表笔为正极,黑表笔为负极,这与指针式万用表正好相反。因此,测量晶体管、电解电容器等有极性的元器件时,必须注意表笔的极性。

2. 注意事项

①如果无法预先估计被测电压或电流的大小,则应先拨至最高量程挡测量一次,再视情况逐渐把量程减小到合适位置。测量完毕,应将量程开关拨到最高电压挡,并关闭电源。

②满量程时,仪表仅在最高位显示数字"1",其他位均消失,这时应选择更高的量程。

③测量电压时,应将数字万用表与被测电路并联;测电流时应与被测电路串联;测直流量时不必考虑正、负极性。

④当误用交流电压档去测量直流电压,或者直流电压档去测量交流电压时,显示屏将出现"000"提示,或低位上的数字出现跳动。

⑤禁止在测量高电压(220 V以上)或大电流(0.5 A以上)时切换量程,以防止产生电弧,烧毁开关触点。

⑥当显示屏出现"—""BATT"或"LOW BAT"提示时,表示电池电压已低于工作电压,需及时更换。

第二节 钳形电流表的使用

(本节内容适用于:750kW及以上船舶二/三管轮、未满750kW及以上船舶二/三管轮)

一、穿心式电流互感器

如图1-5所示,穿心式电流互感器不设原边绕组,载流(负荷电流)导线(L_1至L_2)穿过由硅钢片制成的环形(或其他形状)铁芯,起到原边绕组作用。副边绕组直接均匀地缠绕在环形铁芯上,与仪表、继电器、变送器等设备的电流线圈串联形成闭合回路。由于穿心式电流互感器不设原边绕组,其变比根据原边绕组穿过互感器铁芯中的匝数确定,穿心匝数越多,变比越小;反之,穿心匝数越少,变比越大。

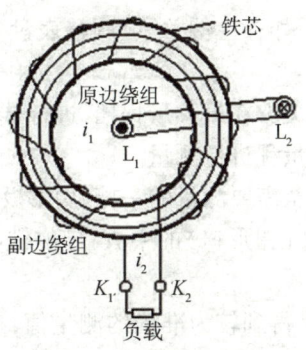

图1-5 穿心式电流互感器

二、钳形电流表结构原理

根据上述穿心式电流互感器的原理,即可制成钳形电流表。通常,在用电流表测量电路的电流时,需切断电路,才能将电流表或电流互感器的原边绕组串接到被测电路中去,而用钳形电流表进行测量时,则可在不切断电路的情况下去测量电流。

钳形电流表是由穿心式电流互感器和电流表组成,其外形及测量方法如图1-6所示。电流互感器的铁芯在捏紧扳手时就可以张开,这样可不必切断被测电流通过的导线就可以穿过铁芯的缺口,然后放松扳手,铁芯闭合。这样,通过电流的导线相当于电流互感器的原边绕组,副边绕组中便出现感应电流,和副边绕组相连的电流表的指针便发生偏转(或是数字显示变化),从而指示出被测电流的数值。

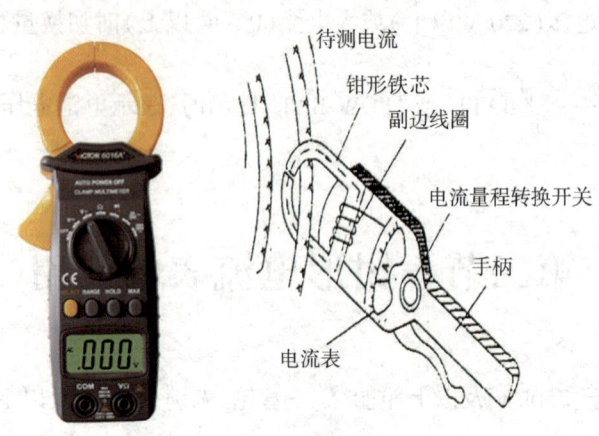

图1-6　钳形电流表外形及测量方法

三、钳形电流表的使用方法及注意事项

钳形电流表在船上主要用于测量线路电流、电动机的起动电流或运行电流。使用时应注意以下事项:

①使用前应清洁仪表钳口上的油污,以使钳口紧密结合,测量时如有杂音可重新开合钳口。

②使用前注意指针是否指零,如存在偏差,可调整表盘上的机械零位调节器,使其恢复至零位。

③测量时应先将挡位选择开关放在最大量程挡,进行试测量后,脱开被测导线后再根据被测电流的初测情况变换到合适的量程进行测量。

④测量时将挡位选择开关调至需要测量的一挡,用手扳开钳口,放置被测导线。为了减少误差,被测导线应放置在导磁铁芯(钳形口)的中央,导磁铁芯闭合后,即可在刻度尺上测出读数(或是数字显示读数)。

⑤测量5 A以下电流时,为了得到较为准确的测量值,在条件许可的情况下,可把导线多绕几圈放进钳形口进行测量,但实际电流值应该是读数除以放进钳形口内导线的圈数。

⑥切忌在测量电流过程中切换量程挡。

⑦测量电动机起动电流时量程应选择4~7倍的额定电流;测运行电流时,应调至合适量程。

⑧测量完毕,一定要将量程挡位选择开关放在最大量程或"OFF"的位置上,以免再次使用时,由于疏忽未选择合适量程而损坏仪表。

第三节 交流电压和交流电流表的使用

(本节内容适用于:750 kW 及以上船舶二/三管轮、未满 750 kW 及以上船舶二/三管轮)

一、仪用互感器

配合仪表使用的变压器称为仪用互感器,主要分为两类:用于变换电压比例的称为电压互感器;用于变换电流比例的称为电流互感器。

1.电压互感器

测量高压线路的电压时,如果用电压表直接测量,不仅对工作人员很不安全,而且仪表的绝缘也需要大大加强,这样会给仪表制造带来困难。故需要用有一定电压比的电压互感器将高电压按比例变换成标准低电压(额定 100 V),然后在电压互感器副边侧连接电压表测量电压。图 1-7 是电压互感器实物图,图 1-8 是电压表实物图。若电压表与电压互感器配套,则表的指示值即为被测电压的实际值。

图 1-7 电压互感器实物图

图 1-8 电压表实物图

电压互感器使用时将匝数较多的原边绕组(也称高压绕组)并联接于被测电路,而匝数较少的副边绕组接电压表或其他仪表(如功率表)的电压线圈。图 1-9 所示是电压互感器测量电路的结构图和电气符号及测量电路图,虚线框内是其电气符号。

电压互感器使用时的注意事项如下:

(1)由于电压表及其他仪表电压线圈的阻抗值相当高,电压互感器在使用时相当于一台空载运行时的变压器,所以电压互感器在使用时副边严禁短路。电压互感器在原、副边均需安装熔断器。

(2)电压互感器的副边绕组及外壳必须接地。一方面是为了防止一旦高、低压绕组间的绝缘损坏而使低压绕组和测量仪表对地出现高电压,危及人员和设备的安全;另一方面也是为了防止静电荷积累而影响测量精度。

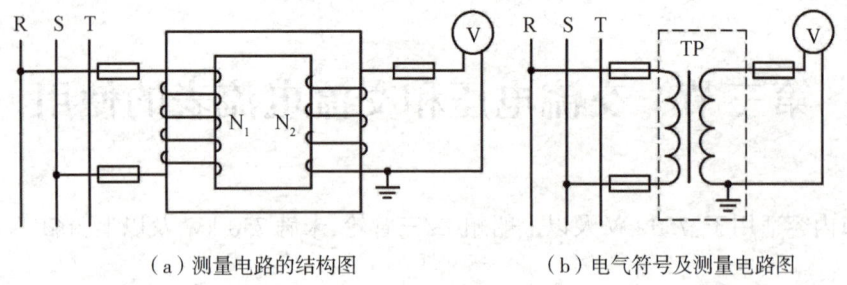

(a) 测量电路的结构图　　　　　　(b) 电气符号及测量电路图

图 1-9　电压互感器

2. 电流互感器

测量高压线路或大电流测量中,为避免仪表直接接入电路的风险,需使用有一定电压比的升压变压器,即电流互感器,将高压线路隔开,或将大电流按比例转换成标准小电流(额定 5 A 或 1 A),然后在电流互感器副边侧连接电流表。图 1-10 是电流互感器实物图,图 1-11 是电流表实物图。若电流表与电流互感器配套,则表的指示值即为被测电流的实际值。

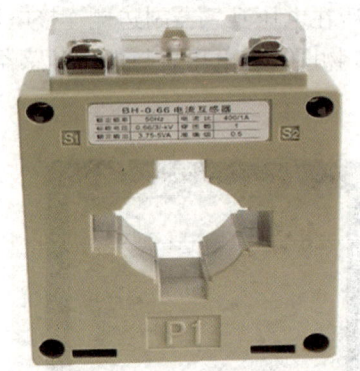　　

图 1-10　电流互感器实物图　　　　图 1-11　电流表实物图

使用时将匝数较少的原边绕组串接于被测电路中,而匝数较多的副绕组与测量用的电流表等连接,如图 1-12 所示,虚线框内为其电气符号。

电流互感器的原边绕组有线圈式和母线式(即穿心式)。线圈式的原边绕组是已绕在互感器铁芯上的;母线式没有原边绕组,是用铜排或导线直接穿过互感器作为原边绕组。200 A 以上的电流互感器,一般都是穿心式,原边绕组只有 1 匝。原边侧小电流的也有选用穿心式的。

电流互感器使用时的注意事项如下:

(1) 电流互感器在使用时切不可将副边绕组开路,副边绕组中也绝不允许接熔断器。

(2) 电流互感器的副边绕组及外壳必须接地。这主要是为了防止一旦高、低压绕组间的绝缘损坏而使低压绕组和测量仪表对地出现高电压,危及人员和设备的安全。

根据《钢质海船入级规范》,船舶配电板的测量仪表的精度等级应≥2.5 级(通常运用 1.5 级)。为了配合这个精度等级,测量电路中用的电压互感器的精度等级都是按≥0.5 级配用。

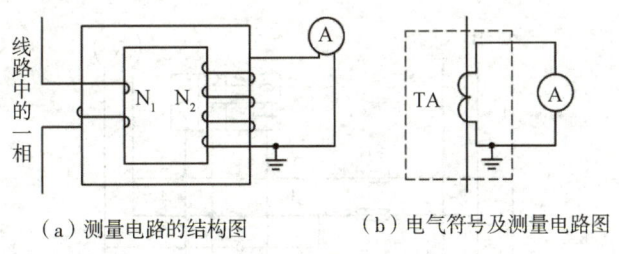

(a) 测量电路的结构图　　　(b) 电气符号及测量电路图

图 1-12　电流互感器

二、交流电压测量

船舶低压电力系统采用三相三线制,电网和发电机的电压测量均指对线电压的测量。通常称"测量单相电压"实际上是测量一个线电压;称"测量三相电压"实际上是测量三个线电压。

1. 交流单相电压的测量电路

直接测量电路如图 1-13 所示,是电压的直接测量电路。电压表经熔断器 FU 直接接在线路的任两相上进行测量。线路额定电压为 380 V,根据中国船级社《钢质海船入级规范》的要求,电压表的量程上限应为 380 V×1.2=456 V;发电机额定电压为 400~390 V,量程上限应为 400 V×1.2=480 V,应采用 0~500 V 的量限。图 1-14 所示是通过电压互感器间接测量电路。

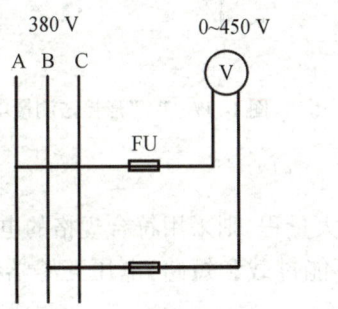
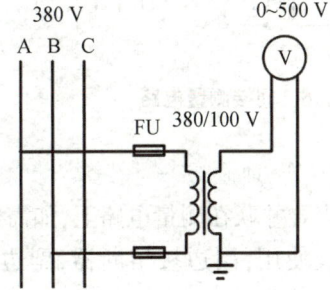

图 1-13　直接测量电路图　　　图 1-14　通过电压互感器间接测量电路

2. 交流三相电压的测量电路

船舶配电板上通常采用单电压表 V 通过万能转换开关 SA(组合开关)选择,分别测量三相电压。

图 1-15 是交流三相电压直接测量电路,图中转换开关 SA 共有 4 对触点。在"0"位时,4 对触点均不通,不测量电压;在"AB"位时,触点 1、2 和 5、6 闭合,测量线电压 U_{AB};在"BC"位时,触点 3、4 和 7、8 闭合,测量线电压 U_{BC};在"CA"位时,触点 1、2 和 7、8 闭合,测量线电压 U_{CA}。

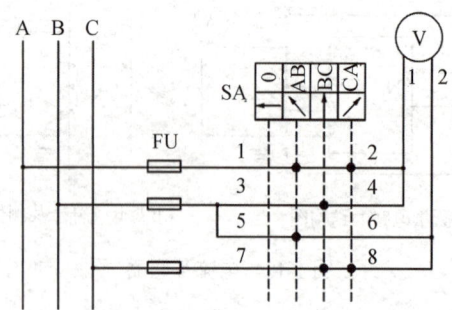

图 1-15 交流三相电压直接测量电路

图 1-16 是间接测量电路。3 个线电压用 2 个电压互感器 T_1 和 T_2 测量,U_{AB} 和 U_{BC} 用各自的电压互感器测量,U_{CA} 用 2 台互感器的 U_{AB} 和 U_{BC} 按"V"形接法相量相加合成测量。"V"形接法测量电压的相量如图 1-17 中虚线所示。

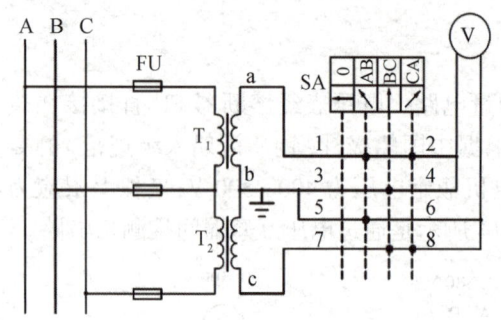

图 1-16 间接测量电路

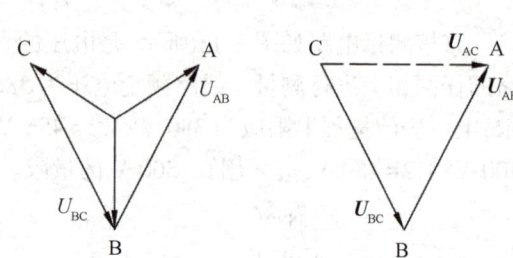

图 1-17 "V"形接法测量电压的相量图

3.交流电压的测量方法和注意事项

交流电压表要并联在测量电路上,如需要扩大量程,则采用符合规格的电压互感器,进行正确接线与安装使用;副边接熔断器,副边侧不能过载和短路;电压互感器外壳、副边必须接地。

三、交流电流测量

1.交流电流的测量电路

以往的交流电流表多采用电磁式仪表,现在有采用带变送器的磁电式仪表。无论采用哪一种原理结构的电流表,内部都是一个内阻很小的电流元件,对外引出 2 个接线端子,没有极性。

交流电流表可制作成标准的 1 A 和 5 A 量程。国内一般都采用 5 A 量程,超过 5 A 的通过电流互感器变换测量。电力电路都是通过电流互感器转换测量。

单相交流电流测量电路如图 1-18 所示。电流互感器 CT 原边侧流过负载电流 I,变换成副边侧电流接入电流表。在 CT 额定负载阻抗范围内,可以接多个电流表或其他电流元件,所有电流元件串联。CT 副边侧不允许开路,外接电流表接线端子有短路连接片,外部接线校对后才能拆开短路连接片。

图 1-19 所示是船用配电板中采用万能转换开关测量发电机输出三相线电流的电路接线图。图中,转换开关 SA 是特殊的,触点在转换的过程中,应保证电流互感器 CT 的副边侧不开路。

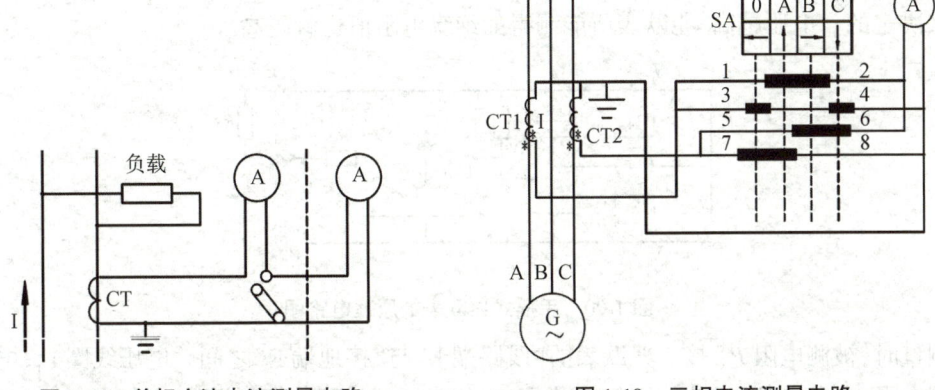

图 1-18　单相交流电流测量电路　　　　图 1-19　三相电流测量电路

2.交流电流的测量方法和注意事项

使用交流电流表的接法为串联在测量电路上,如需要扩大量程,则采用符合规格的电流互感器,进行正确接线与安装使用;副边不能开路;电流互感器外壳、副边一端必须接地。

第四节　便携式兆欧表的使用

(本节内容适用于:750 kW 及以上船舶二/三管轮、未满 750 kW 及以上船舶二/三管轮)

便携式兆欧表简称兆欧表(俗称摇表),主要用来测量和检测电气设备、电气线路和电缆的绝缘电阻。它区别于带电测量电网绝缘的配电板式兆欧表。

兆欧表是电气管理人员必备的主要测量仪表之一。兆欧表具有使用简便、携带方便、测量时不需要其他辅助设备、不需要外接电源及可直接读出测量结果等优点,所以兆欧表被广泛使用。常用兆欧表有各种不同的规格,依据其手摇发电机或内部电压变换装置发出的最高电压可分为 100 V、200 V、500 V、1 000 V、2 500 V 等几种。

一、便携式兆欧表的基本结构

图 1-20 是手摇式兆欧表的原理电路图,兆欧表所测的绝缘电阻值以兆欧(MΩ)为单位。图中 G 为手摇发电机,发电机组件由摇柄、防逆转系统、传动齿轮、离心式摩擦调速系统、发电机等组成;电路系统由倍压整流电路及测量装置磁电式双动圈流比计组成,仪表的指针固定在

双动圈上。仪表的三个接线端分别是：线路端 L、接地端 E、屏蔽端 G。其工作原理是：顺时针摇动兆欧表手柄时，手柄使棘轮、齿轮、离心摩擦调速等系统转动，并驱动发电机转子以 5 倍于手柄的转速旋转，定子线圈输出交流电压。棘轮系统可防止转子逆转，离心摩擦调速系统可防止转子超速。当手柄以额定转速转动时，定子线圈将输出的交流电压经二极管 V_1、V_2，电容 C_1、C_2 倍压整流后，在 A、B 两端输出直流高压。兆欧表的分类就是以发电机所能发出的最高电压来决定的。电压越高，兆欧表所能测得的绝缘电阻值也就越高。

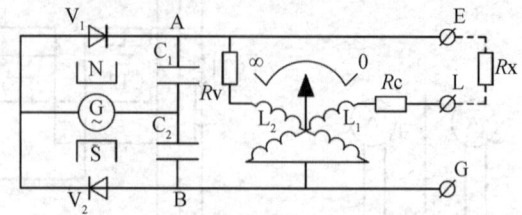

图 1-20 手摇式兆欧表的原理电路图

测量时，被测电阻 R_X 接于兆欧表的"线路端 L"与"接地端 E"之间。电压线圈 L_1、电阻 R_C 和被测电阻 R_X 相串联，电流线圈 L_2 和电阻 R_V 相串联，然后再并联接至 A、B 两端。设线圈 L_1 电阻为 r_1，线圈 L_2 电阻为 r_2，当摇动手摇发电机时，兆欧表将输出直流高电压 U，则两个线圈通过的电流分别为：

$$I_{L1} = \frac{U}{r_1 + R_C + R_X} ; I_{L2} = \frac{U}{r_2 + R_V}$$

上面两式相除：

$$\frac{I_{L1}}{I_{L2}} = \frac{r_2 + R_V}{r_1 + R_C + R_X}$$

式中，r_1、r_2、R_C 和 R_V 均为定值，仅 R_X 为变量，所以改变 R_X 会引起比值 I_{L1}/I_{L2} 的变化。由于线圈 L_1 与线圈 L_2 绕向相反，流入电流 I_{L1} 和 I_{L2} 在永久磁场作用下，在两个线圈上分别产生两个方向相反的转矩 T_1 和 T_2。由于气隙磁场不均匀，因此 T_1 和 T_2 既与对应的电流成正比又与其线圈所处的角度有关。当 $T_1 \neq T_2$ 时指针发生偏转，直到 $T_1 = T_2$ 时，指针停止。指针偏转的角度只决定于 I_{L1} 和 I_{L2} 的比值，此时指针所指的刻度即是被测设备的绝缘电阻值。

当 E 端与 L 端短接时，I_{L1} 为最大，指针顺时针方向偏转到最大位置，即"0"位置；当 E、L 端未接被测电阻时，R_X 趋于无穷大，$I_{L1} = 0$，指针逆时针方向转到"∞"位置。

兆欧表表头没有游丝，兆欧表中的发电机只要停止发电，流过两个线圈的电流便等于零。这时表中线圈的回转能力消失，因此指针到处都可以停下来，这一特点也正是兆欧表的优点。另外，兆欧表所测量出的绝缘电阻 R_X 的读数能基本上不因手摇发电机转速快慢引起的电压变化而受到影响。这是由于两个线圈由同一个发电机供电，因而不管供电电压变得是高是低，I_{L1} 与 I_{L2} 之间也总能保持一定的比值。

图 1-21 是兆欧表实物图，上有三个接线端，分别为接线端 L、接线端 E 和保护（或屏蔽）接线端 G。

测量时，应该分别将接线端 L 及接线端 E 用单股导线与被测对象相连，接线端 L 与被测对象和船体绝缘的导体部分相接；接线端 E 与被测对象的外壳或其他导体部分相接；保护接线端 G 只有在需要时才与被测对象上的保护遮蔽环部分相接。

图 1-21 兆欧表实物图

在一般测量中,只用 L 和 E 两个接线端,保护接线端 G 的作用是消除 L 和 E 接线端之间的漏电和被测绝缘物表面漏电的影响。

保护接线端 G 仅在被测物表面漏电很严重的情况下使用。当使用兆欧表测量带有绝缘层的电缆(或导线)的绝缘电阻时,由于被测物表面的影响很显著而又不易除去时,产生的漏电流可能引起较大的测量误差。例如空气太潮湿,绝缘材料的表面受到侵蚀而无法清洁,测出来的绝缘电阻太低,这就需要判断是内部绝缘不好,还是表面漏电的影响。为了消除漏电流引起的误差,就必须加入保护环,使表面绝缘的因素不会影响到兆欧表的指示。如果在不接保护接线端 G 时,绝缘电阻的数值就很高,则不一定接入保护环。在大多数情况下,干净被测物的表面,能够把表面的不良情况排除,使得测出的数值接近绝缘物内部绝缘电阻的实际值。

二、便携式兆欧表的使用

使用兆欧表测量绝缘电阻时,接线或操作不当,都将影响测量结果,甚至危及人身安全。

1. 兆欧表的选择

选用兆欧表进行绝缘电阻的测量时,一般应使兆欧表的手摇发电机发出的最高电压高于被测对象的额定工作电压,并兼顾到不损坏被测对象,才能正确测试出被测对象在额定工作电压下工作时是否达到必要的绝缘电阻值。

通常,测量额定工作电压 500 V 及以上(低于 1 000 V)的低压电气设备(元器件)、电缆(电线)、电机或电力变压器的绕组时,应选用 1 000~2 500 V 的兆欧表;测量额定工作电压在 500 V 以下的设备,一般选用 500 V 或 1 000 V 的兆欧表;而测量 36 V 以下的低压电气设备的绝缘电阻,只能选用 100 V 或 200 V 的兆欧表。对于有规程规定的应以规程为准。

2. 兆欧表使用的注意事项

①正确选用电压等级:测量电气设备绝缘电阻时,应根据设备额定工作电压的大小选用不同等级的兆欧表。电子控制设备禁止使用兆欧表测量绝缘。

②表面清洁、平稳放置:被测设备的表面要擦干净,确保导电良好,以免造成测量误差。使用兆欧表测量时,将兆欧表水平方向放置在平稳、坚硬的场地上并应远离磁场,避免不平衡、倾斜和电磁感应误差。

③绝缘良好:兆欧表的接线端与被测设备间连接的导线,必须对船体绝缘良好,不能用双股绝缘线和绞线,应用单股绝缘线单独连接,以免绞线绝缘不良而引起误差。

④开路与短路试验:测量前应先对兆欧表进行开路和短路试验,以检查仪表是否良好。当接线端 L 与 E 之间不连接任何被测物(即处于开路状态时),以 120 r/min 的速度顺时针方向摇动手柄,观察兆欧表是否指向"∞"位置;再将接线端 L 与 E 短路,慢慢转动手柄,观察兆欧表是否指零,如果满足上述两个条件,说明兆欧表工作正常。

⑤断电测量:严禁在电气设备带电时使用兆欧表进行测量,若被测对象与电源有连接,在测试前必须将电源切断,否则,不但影响测量结果,对测试人员及仪表也是很危险的。当被测对象有可能感应出高电压(存在较大容量的电容或电感元件),或测量大容量的变压器与发电机等设备时,还需要进行充分放电后才能进行测量,时间一般为 2~3 min。

⑥避免器件击穿:严禁使用兆欧表测量电子设备、仪表、传感器等低压电气设备的绝缘电阻,更不能用兆欧表测试二极管、三极管及集成电路等,以免将这些设备中的电子器件击穿。

⑦电缆测量:测量含有绝缘层的电缆(或导线)的芯线对外壳的绝缘电阻,在需要时应将保护接线端 G 接于被测电缆(或导线)最内层的绝缘层,消除因漏电引起的误差。

⑧手摇转速均匀:虽然兆欧表的读数一般不受转速变化的影响,但转速与规定转速(120 r/min)相差太大也会对兆欧表有损害或产生测量误差。一般要求转速不超过规定转速的±20%。摇动时,还应避免先快后慢,因为摇动时发电机输出电压高,使被测物绝缘介质上充上高电压,当转速慢下来时,兆欧表中的电压过低,使绝缘介质上的电荷倒流,造成读数误差。

⑨避免电击:当使用兆欧表测试时,兆欧表的接线端 L 与 E 之间有很高的直流电位差,绝对不能用手去碰兆欧表的接线端或被测对象,以免被击伤。当测试结束后,手摇发电机转子还没有完全停止转动、被测对象还没有完全放电之前,也应注意不要马上用手去拆除连线,避免发生触电事故。

⑩测量完毕放电:在测量较大容量的电容器、发电机、电缆线路和变压器等设备的绝缘电阻之后,由于它自身存在的电容被兆欧表的高压充电,测试完毕后还带有高压,可能会造成人身被短时电击。测量结束后应先将被测对象进行短接放电。

三、手摇式兆欧表的测量方法举例

1.测量电动机绕组绝缘电阻

电动机绕组的绝缘电阻分为三相绕组的对地绝缘和绕组之间的相间绝缘。

①确定定子绕组的三相并测量阻值

三相异步电动机定子绕组是三相绕组,即有三个完全相同的独立绕组,三相的三个首尾端通常以 U_1-U_2、V_1-V_2、W_1-W_2 表示,六个出线端都固定接在机座的接线盒内。因此,首先要切断电源,然后打开电动机接线盒,拆开端子板连接片;将万用表的挡位选择开关置于欧姆挡的 $R×1$ 挡,短接表棒调零;将一个表棒接在一个接线端,另一个表棒分别去触碰其余的五个接线端,若万用表指针停在表盘左侧不动,说明两个接线端不是一相绕组。当指针指向表盘右侧,则两个接线端是一相绕组;依此方法确定三相绕组,然后测量每相的阻值。

也可以使用兆欧表依上述方法确定三相绕组。

②测量三相绕组对地绝缘

测量前首先对兆欧表进行一次开路和短路试验,检查仪表是否良好。然后按图 1-22(a)接线,兆欧表的 L 端分别接定子绕组 U、V、W 三相,E 端接外壳,手摇兆欧表转速每分钟

120 转,读数在 1 MΩ 以上,否则绝缘损坏。

③测量三相绕组相间绝缘

在接线盒内任取一相绕组的一端接 L 端,取另一相的一端接 E 端,摇动兆欧表,绝缘电阻读数在 1 MΩ 以上,否则绝缘损坏。依此方法对 U、V、W 三相的相间绝缘分别进行测量。

测量发电机绕组或电气设备线圈(如变压器绕组、接触器线圈等)的绝缘电阻,可以参照上面的方法。

2. 测量电网线路绝缘电阻

如图 1-22(b)所示,首先将所要测试的线路的电源切断。然后将兆欧表的接线端 L 接到所要测试的线路上,接线端 E 接地(在船上接线端 E 接船体),摇动兆欧表至额定转速,指针稳定后所指刻度值即是此线对地的绝缘电阻值。

3. 测量电缆绝缘电阻

如图 1-22(c)所示,首先要切断电源,在测量电缆的芯线对外壳的绝缘电阻时,除将芯线和外壳分别接于接线端 L 与 E 外,还要将电缆外壳和芯线之间的内层绝缘物接保护接线端 G,以消除因表面漏电而引起的误差。

若测量电缆的各相之间的绝缘电阻,应将两相导线分别接到兆欧表的 L 和 E 端上。

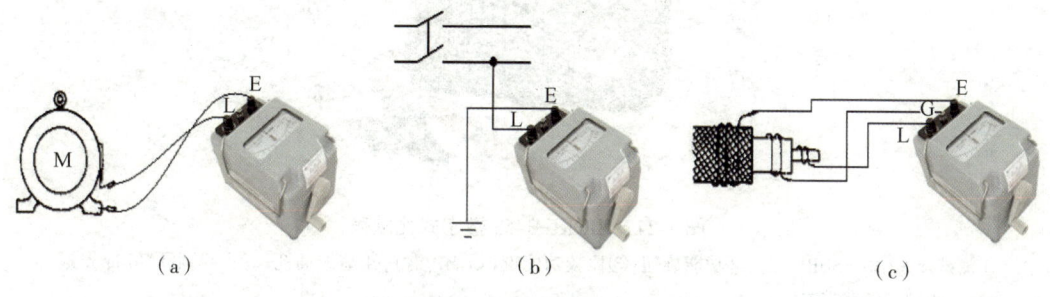

图 1-22　兆欧表测量连线图

四、数字式兆欧表

数字式兆欧表是绝缘测试仪器,整机电路设计采用微机技术设计为核心,以大规模集成电路和数字电路相组合,配有强大的测量和数据处理软件,完成绝缘电阻、电压等参数测量,性能稳定,操作简便。

1. 数字式兆欧表工作原理

如图 1-23 所示,数字式兆欧表一般由直流电压变换器将电池电压转换为直流高压电作为测试电压,这个测试电压施加于被测物上产生的电流经电流/电压转换器转换为相应的电压值,然后送入模数转换器变为数字编码,经微处理器计算处理,由显示器显示出相应的电阻值。

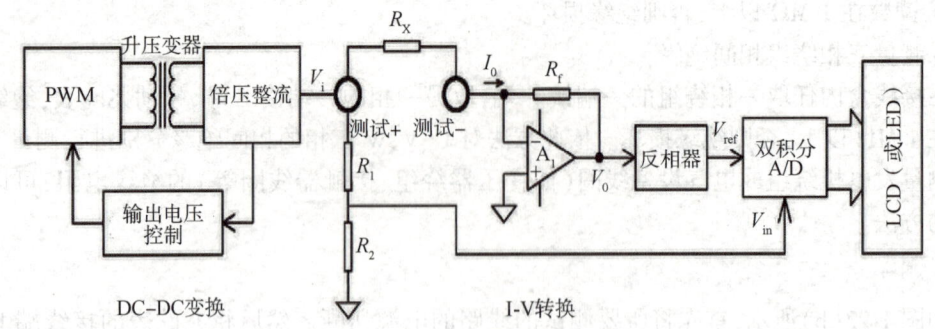

图 1-23　数字式兆欧表原理框图

2.数字式兆欧表使用方法

下面以如图 1-24 所示的 HIOKI-3453 数字式兆欧表为例,简要说明数字式兆欧表使用方法。

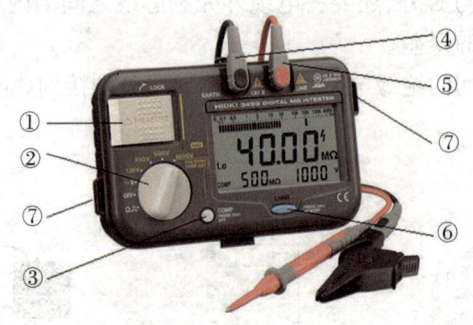

图 1-24　HIOKI-3453 数字式兆欧表

①测试开关(MEASURE 键);②功能旋钮;③比较功能键(COMP 键);④地线插孔;⑤火线插孔;⑥冷光键（LIGHT 键);⑦背带连接孔

(1) 各部分名称及功能

①测试开关(MEASURE 键):压下或上扳以进行测试动作。

②功能旋钮:选择测试挡位。

③比较功能键(COMP 键):一是开启/关闭比较功能,二是于短路测试时开启/关闭蜂鸣器。

④地线插孔:连接黑色测试线。

⑤火线插孔:连接红色测试线。

⑥冷光键(LIGHT 键):一是冷光 ON/OFF 切换,二是记忆功能操作键。

⑦背带连接孔:可与背带连接以便携带。

(2) 绝缘电阻测量方法

①选择测试挡位:125/250/500/1 000 V 其中一个挡位。

②连接测试线:黑色测试线连接地线,红色测试线连接于被测对象。

注意:接线完成时,若被测对象带有电压,荧幕上柱条图将显示电压大小,此时暂停操作,待被测对象去除电压信号后再进行步骤③的操作,以免造成仪器损坏。

③压下 MEASURE 键进行测量(欲做连续测试时需将 MEASURE 键往上扳),当读值稳定

时,此值即为测量值。

④松开 MEASURE 键,此时测量值将被自动保存。

注意:每次测试完成后,需进行自动放电,以免发生电击,放电步骤如下:

①测试完成后,测试线仍连接于被测对象。

②内部放电线路将自动对被测对象进行放电。

(3)交流电压测量

①将功能旋钮切换至~V 挡。

②连接测试线于待测端。

③读取测量值。

注意:此时勿操作 MEASURE 键,以免造成仪器或被测对象损坏。

(4)电阻测量及短路测试

①将功能旋钮切换至欧姆挡。

②连接测试线于被测对象。

③读取测量值,若测量值低于 30 Ω,蜂鸣器将发出嗡嗡声;欲关闭蜂鸣器功能,按 COMP 键。

注意:此时勿操作 MEASURE 键,以免造成仪器或被测对象损坏。

第五节　评估练习题(船舶常用电工仪表的使用)

- **评估练习题 1:万用表的使用(★TE)**

评估要素:使用前的检查,表笔的正确连接,正确地读出测量结果。

评价标准:

①万用表表笔、接线插孔的选择;

②对机械万用表进行机械调零和欧姆调零;

③对电子式万用表检查电压是否正常;

④测量种类的选择、量程的选择;

⑤正确地读出测量结果,通常表针偏转在满刻度的 1/2~2/3 处为宜。

- **评估练习题 2:测量电阻(★TE)**

图 1-25 是常用色环电阻实物图。

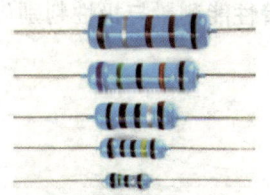

图 1-25　常用色环电阻实物图

评估要素:用万用表测电阻,被测电阻必须断电才能测量,选择欧姆挡,配合选用合适的量程。

评价标准：
① 测量前进行零位的调整时，指针应为零；
② 每变换一次量程，都必须调零；
③ 测量低值小电阻时，要注意接触电阻；
④ 测量大电阻时要避免并入人体接触电阻；
⑤ 测量完毕，开关放在"OFF"的位置或者交流电压最高挡。

- **评估练习题 3：交（直）流电压的测量（★TE）**

一、交流电压测量操作

MF-47 型万用表的交流电压挡具体又分为 10 V、50 V、250 V、500 V、1 000 V 量程。下面通过测量市电电压的大小来说明交流电压的测量操作及注意事项。

第一步：选择插孔。红表笔插入标有"+"字样的插孔；黑表笔插入标有"COM（或-）"字样的插孔。

第二步：选择挡位、量程。市电电压一般在 220 V 左右，根据量程应高于且最接近被测电压的原则，选择 250 V 量程最为合适。

第三步：红、黑表笔并联于测量电路。由于交流电压无正、负极性之分，故红、黑表笔可随意分别插在市电插座的两个插孔中。

第四步：正确读数。根据指针指在第二条刻度尺上的位置和所选量程获得对应的读数，读数时尽量使指针工作在满刻度值的 1/2 或 2/3 以上区域。因为测量时选择的量程为 250 V，所以选择最大值为 250 的那一组数进行读数。现观察表针指在刻度尺的"240"处，则被测市电电压的大小为 240 V。

2. 直流电压测量操作

直流电压测量的方法与交流电压的测量方法相同，只是挡位选择开关应在直流电压挡，并且要考虑表笔的极性。

评估要素：选择电压功能，量程必须大于被测电压。

评价标准：
① 对于交流电的测量，不必区分红、黑表笔；
② 对于直流电的测量，注意直流电压极性，表棒仪表并联于测量电路上；
③ 对于未知的电制，必须用交流/直流去测量判别后，再正确测量；
④ 测量完毕表置"关"或交流电压最高挡。

- **评估练习题 4：进行二极管性能测量与极性判别（★TE）**

图 1-26 是常用二极管实物图。

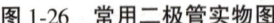

图 1-26　常用二极管实物图

一、模拟式万用表的二极管测试

利用模拟式万用表欧姆挡测量二极管时,通常用 $R×100$ 或 $R×1\ k\Omega$ 两挡进行测量,测大功率管时,可用 $R×10\ k\Omega$ 挡,其他挡不宜用。因 $R×1$ 挡电流太大,可能烧毁小功率二极管,而 $R×10\ k\Omega$ 挡电压太高,管子可能被反向击穿而损坏,因此不能盲目使用。

①判别极性

根据二极管正向偏压电阻小,反向偏压电阻大的特性,可以利用万用表判别它的极性。万用表内的电池极性与插孔的极性相反,红表笔对应电池负极,黑表笔对应电池正极,如图 1-27(a)所示是万用表欧姆挡等效电路。测量时,按图 1-27(b)所示的方法接线,把两根表笔分别接二极管的两个引脚,读出电阻值;对调表笔再测一次。两次测量中电阻小的那一次(指针在右侧)二极管正向偏压,黑表笔接的是阳极,红表笔接的是阴极。换句话说,两次测量中电阻大的那一次(指针在左侧或靠近∞)二极管反向偏压,红表笔接的是阳极,黑表笔接的是阴极。

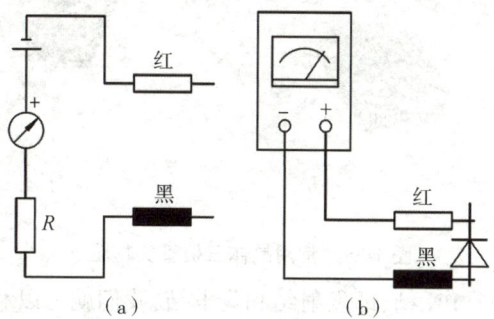

图 1-27　二极管测量示意图

②判别性能

一般常用的二极管的正向导通电阻约在几百欧到几千欧,反向电阻在几百千欧以上。正反向电阻相差越大,说明其单向导电性越好。通常大功率二极管的正反向电阻相差较小;如果测得的正反向电阻都极大,则二极管内部断路;如果测得的正反向电阻都极小,则表明内部短路,管子已损坏。

二、数字式万用表的二极管测试

将黑表笔插入"COM"插孔,红表笔插入"VΩ"插孔。此时,红表笔极性为"+"(与指针式万用表正好相反),黑表笔极性为"-"。然后把挡位选择开关打到测二极管挡,并把表笔接到被测二极管,若显示 1 V 以下,则为该二极管的正向压降;若显示溢出符号,说明二极管反向截止,此时应把表笔对调一下,就可以测得二极管正向压降,并且判别了二极管的极性。若正、反两次测量,显示都为"0",则说明该二极管击穿;若正、反两次测量,显示都为溢出符号,则说明该二极管内部开路。

- 评估要素:

正确使用万用表的电阻量程或二极管挡。

- 评价标准：
①万用表选用 $R\times100$ 或 $R\times1\ k\Omega$ 挡或二极管挡；
②正向电阻测量；
③反向电阻测量；
④判别出二极管正负极性；
⑤通过测量判断二极管的好坏。
- 评估练习题 5：进行晶体三极管性能测量与极性判别

图 1-28 是常用晶体三极管实物图。

一、模拟式万用表的三极管测试

①管型（PNP 型和 NPN 型）和基极判别

图 1-28　常用晶体三极管实物图

因为三极管内部有两个 PN 结，即发射结和集电结，我们就可以利用 PN 结的单向导电性，通过测两个 PN 结的正、反向电阻来判别是 PNP 型管，还是 NPN 型管，而且，还可以判别基极。

测量方法：如图 1-29 所示，选择模拟式万用表的 $R\times100$ 或 $R\times1\ k\Omega$ 挡并调零，用黑表棒固定在其中一个管脚，用红表棒分别接另外两个管脚，看两次指针偏转的情况。如果两次测量指针的偏转都很大（指针在右侧），说明电阻小；此时用红表棒固定在这个管脚上，用黑表棒分别接另外两个管脚，如果这次测量指针的偏转都很小，说明电阻大，则固定表棒的这一脚是基极 b，而且管型为 NPN。

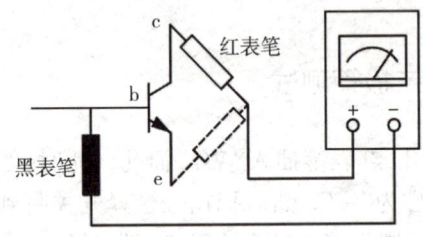

图 1-29　三极管基极判别示意图

如果用红表棒固定在其中一个管脚，黑表棒分别接另外两个管脚所测的电阻两次都小（且换一下表笔），必须两次都电阻大，则红表棒接的一定是 PNP 管的基极 b。

如果测量的结果不是上述情况，应将黑表棒换一个脚再试，测三次中必有一次结果与上述情况相符，否则三极管已经损坏。

②三极管发射极 e、集电极 c 的判别

三极管发射极 e、集电极 c 的判别方法是在三极管的基极和管型确定之后,根据三极管在正常使用时放大倍数大,反向使用时放大倍数极小的特点来判别集电极与发射极。

以 NPN 管型为例,在剩下两个管脚中,假设其中任意一个管脚是集电极 c,另一个是发射极 e,测量方法如图 1-30 所示,用黑表笔接 c,红表笔接 e,再用沾湿的两个手指同时捏住 b、c 两极,但不要使两管脚接触(或在 b、c 之间接一个几十千欧的电阻),记下表针偏转的角度 μ;再假定另一个管脚为集电极 c,按同样的方法再测量一次。两次测量结果比较,指针偏转角 μ 大的一次,说明三极管的电流放大系数 h_{FE} 大,则此次的假设是正确的,即黑表笔对应的是集电极 c。

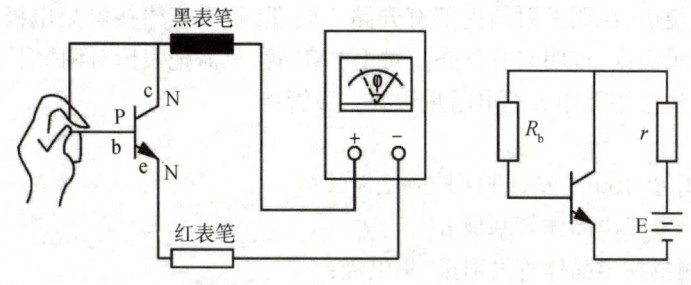

图 1-30　三极管 c、e 的判别

若三极管为 PNP 型,进行发射极 e、集电极 c 的判别时,黑表笔接假设的发射极 e。

③三极管性能的测试

一般而言,三极管质量好坏,可以从测量两个 PN 结的正、反向电阻来判别。选择 $R \times 100$ 或 $R \times 1\ k\Omega$ 挡,测量发射结和集电结电阻,质量好的中、小功率三极管(硅管)发射结、集电结的正向电阻为几百欧至一千欧左右,反向电阻为几百千欧以上。

④穿透电流 I_{ceo} 的测量

穿透电流及其随温度变化的情况是表征三极管性能的重要参数。穿透电流的大小可以用万用表的欧姆挡来测量,以 NPN 管为例说明它的测试方法。用黑表笔接集电极,红表笔接发射极,看指针偏转的大小。指针偏转的越大,穿透电流也越大,三极管的性能不稳定;指针偏转的越小,穿透电流也越小,三极管的性能比较稳定。

在测穿透电流的同时,对三极管加温,如用温和的手捏住金属管壳,可以看到指针慢慢向右偏转,说明穿透电流随温度在增加,偏转越大,说明穿透电流随温度变化越大,三极管性能越差。

二、数字式万用表的三极管测试

①管型的判别:在判别是 NPN 型管还是 PNP 型管时,将数字万用表选择在测二极管挡,假定某一个极为基极,并认为是 NPN 管,用红表棒接触在这个假定极,分别用黑表棒接触另两个极。这时测量结果都是在 1 V 以下,说明假定是正确的,且知道是 NPN 管和一个基极,否则说明假定是错误的,应重新再假定一个再测。若三个管脚都分别假定过,测不到上述结果,此时,应用黑表棒接触假定基极再重复上述过程。若二级管正常,就会测得上述结果,而且,可知道此被测管为 PNP 管及基极。若通过上述测量,都得不到上述结果,都是显示溢出符号,说明二极管内部有开路,若显示都是 0 或 1 V 以下,说明二极管击穿。

②集电极 c、发射极 e 和电流放大倍数 h_{FE} 测试:判别出管型和基极 b 后,把数字万用表挡位选择开关打到"h_{FE}"挡,再把被测管的基极 b 插入 h_{FE} 插孔的 B 孔,其余两个管脚分别插入 C 插孔和 E 插孔,测出 h_{FE} 值,然后把 C 插孔和 E 插孔的管脚对调,再测一次,两次测量得到 h_{FE} 值较大的一次时的管脚极与插孔对应的极性相同,而且较大的 h_{FE} 值就是该二极管的电流放大倍数。若两次测得 h_{FE} 都相差不大,而且很小或都较大,说明二极管性质失效。

③三极管性能的判别:将数字式万用表置于二极管挡。对于 NPN 型三极管,当红表棒接 b 极,黑表棒接 e、c 极时,对性能良好的硅管,显示值一般在 0.5~0.7 V,少数在 1 V 左右。对于性能良好的锗管,显示一般在 0.1~0.35 V。若黑表棒接 e 极时,显示值为零,说明发射结内部有短路;若显示溢出,说明发射结内部有开路。同理,若黑表棒接触集电极 c 时,显示为 0,说明它击穿;若显示溢出,说明它有开路。对于 PNP 管,只需把表棒对调一下,检测方法同上。

评估要素:正确使用万用表的电阻量程或二极管挡。

评价标准:

①万用表选用 $R\times100$ 或 $R\times1$ kΩ 挡或二极管挡;

②用万用表测量找出晶体管基极 b;

③用万用表测量找出晶体管发射极、集电极;

④能判断 PNP 与 NPN 的晶体管;

⑤能判断晶体管的好坏。

- **评估练习题 6:晶闸管(可控硅)的性能测量及极性判别**

图 1-31 是常用单向晶闸管实物图。

图 1-31 常用单向晶闸管实物图

单向晶闸管是由三个 PN 结的半导体材料构成,其基本结构、符号及等效电路如图 1-32 所示,晶闸管有三个电极:阳极 A、阴极 K 和门极 G。从等效电路上看,阳极 A 与门极 G 之间是两个反极性串联的 PN 结,门极 G 与阴极 K 之间的是一个 PN 结。下面以使用模拟式万用表为例,说明晶闸管测试的方法。

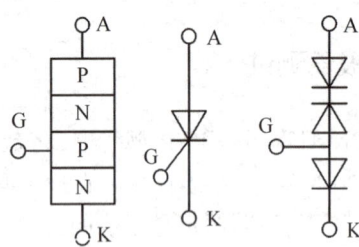

图 1-32 单向晶闸管基本结构、符号及等效电路

1.极性判别

根据 PN 结的单向导电特性,选择模拟式万用表的适当电阻挡,测试极间正反向电阻(相同两极将表棒交换测出的两个电阻值)。对于正常的晶闸管,G、K 之间的正反向电阻相差很大,G、K 分别与 A 之间的正反向电阻相差很小,其阻值都很大。这种测试结果是唯一的,根据这种唯一性就可判定出晶闸管的极性。

对于小功率普通晶闸管,万用表置于 $R\times1$ 挡(或 $R\times10$ 挡),调零,用红、黑两表棒分别测任意两引脚间正反向电阻,直至找出读数较小(从几欧至几百欧)的一对引脚。测这对引脚的正反向电阻,读数小的那一次,此时黑表棒的引脚为门极 G,红表棒的引脚为阴极 K,另一空脚为阳极 A。

2.判断其好坏

用万用表 $R\times1$ kΩ 挡测量普通晶闸管阳极 A 与阴极 K 之间的正、反向电阻,正常时均应为无穷大(∞)。若测得 A、K 之间的正、反向电阻值为零或阻值较小,则说明晶闸管内部击穿短路或漏电。

测量门极 G 与阴极 K 之间的正、反向电阻值,正常时应有类似二极管的正、反向电阻值(实际测量结果较普通二极管的正、反向电阻值小一些),即正向电阻值较小(小于 2 kΩ),反向电阻值较大(大于 80 kΩ);若两次测量的电阻值均很大或均很小,则说明该晶闸管 G、K 极之间开路或短路;若正、反电阻值均相等或接近,则说明该晶闸管已失效,其 G 极、K 极间 PN 结已失去单向导电作用。

测量阳极 A 与门极 G 之间的正、反向电阻,正常时两个阻值均应为几百千欧(kΩ)或无穷大;若出现正、反向电阻值不一样(有类似二极管的单向导电),则是 G、A 极之间反向串联的两个 PN 结中的一个已击穿短路。

3.触发能力检测

对于小功率普通晶闸管,可用万用表 $R\times1$ 挡(或 $R\times10$ 挡)测量。测量时黑表棒接阳极 A,红表棒接阴极 K,此时表针不动,显示阻值为无穷大(∞)。用镊子或导线将晶闸管的阳极 A 与门极 G 短路,相当于给门极 G 加上正向触发电压,此时若电阻值为几欧至几十欧(具体阻值根据晶闸管的型号不同会有所差异),则表明晶闸管因正向触发而导通;再断开 A 极与 G 极的连接(A、K 极上的表棒不动,只将 G 极的触发电压断掉),若表针示值仍保持在几欧至几十欧的位置不动,则说明此晶闸管的触发性能良好。

注意:检测较大功率晶闸管时,需要在万用表黑表笔中串接一节 1.5 V 干电池,以提高触发电压。

评估要素:正确使用万用表的电阻量程挡。

评价标准:

①认识可控硅模块;

②能找到 KG 引脚;

③说明可控硅的特性;

④可控硅的好坏测量判断。

- **评估练习题 7:测量电动机起动电流、运行电流(★TE)**

评估要素:能根据电动机铭牌额定电流决定或者直接选用钳形电流表的最

大量程,使用合适量程和正确的操作方法测量电动机起动电流、运行电流。

评价标准:

①使用前检查钳形电流表,确保钳口无污垢,且钳口接触良好;

②测量电动机电流应注意:

A.测量电动机起动电流时,量程应设为 $4\sim7$ 倍 I_e;

B.测运行电流时,应减小到合适量程;

C.测量过程中不允许更换量程挡位;

D.测量小于 5 A 的电流时可采用将导线多绕在钳口几圈的方法。

③采用正确的测量方法,获取正确的读数;

④测毕,将量程调到最大挡。

- **评估练习题 8:使用交流电压表(★TE)**

评估要素:并联在测量电路上,如需要扩大量程,则采用符合规格的电压互感器,进行正确接线与安装使用。注意安全操作。

评价标准:

①能正确掌握在电路中测量交流电压的方法;

②如需要扩大量程,能够正确选用电压互感器;

③原、副边接熔断器,副边侧不能过载和短路;

④电压互感器外壳、副边的一端必须接地;

⑤正确读出交流电压值。

- **评估练习题 9:使用交流电流表(★TE)**

评估要素:接法为串联在测量电路上,如需要扩大量程,则采用符合规格的电流互感器,进行正确接线与安装使用。注意安全操作。

评价标准:

①能正确掌握在电路中测量交流电流的方法;

②如需要扩大量程,能够正确选用电流互感器;

③副边不能开路;

④电流互感器外壳、副边一端必须接地;

⑤正确读出交流电流值。

- **评估练习题 10:(★TE)**

电压、电流互感器的功能测试与安装使用

评价标准:

①正确选用电压、电流互感器;

②电压互感器的安装与接线使用;

③电流互感器的安装与接线使用;

④进行电压互感器的功能测试;

⑤进行电流互感器的功能测试。

- **评估练习题 11:熟练使用便携式兆欧表对电气设备的绝缘电阻值进行测量(★TE)**

评估要素:能够根据不同工作电压正确选用兆欧表,使用操作安全正确。

评价标准：
①选表：船舶电网选用 500~1 000 V 兆欧表；
②低压电气设备采用 250 V 兆欧表，电子控制设备禁止使用兆欧表测量绝缘；
③兆欧表使用前需做短路和开路试验；
④被测量设备必须断电；
⑤验证被测量设备与兆欧表接线可靠正确连接；
⑥使用中兆欧表转速保持 120 r/min 左右，指针稳定在某一参数即为该设备的绝缘电阻值；
⑦测量电缆绝缘时，要接保护环(G)，以消除表面漏电引起的误差；
⑧安全操作，如线路有电容器要放电；若线路中有晶体管不能使用兆欧表，防止击穿元件；防止操作人员被电击。

第二章

船舶常用电气设备的管理与维护

为了保证船舶电气设备安全可靠运行,管理者应做好常用电器的维护工作。

本章主要介绍:继电器、接触器的维护,压力继电器、温度继电器的参数整定,时间继电器的参数整定,热继电器的参数整定。

第一节 继电器、接触器的维护

(本节内容适用于:750 kW 及以上船舶二/三管轮)

一、接触器

接触器主要用于频繁接通或分断交、直流电路,具有控制容量大、可远距离操作、能实现联锁控制等优点,并具有欠电压保护功能,被广泛应用于自动控制电路中。其主要控制对象是电动机,也可用于控制其他电力负载,如电热器、照明、电焊机、电容器组等。

接触器按控制电流的种类可分为:交流接触器和直流接触器。

图 2-1 是交流接触器实物图,主要由电磁系统、触点系统、灭弧装置和其他部件组成。图 2-2 是交流接触器结构示意图及电气符号。

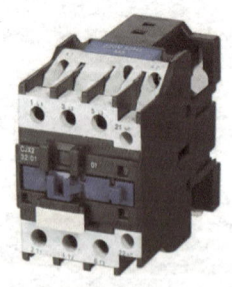

图 2-1 交流接触器实物图

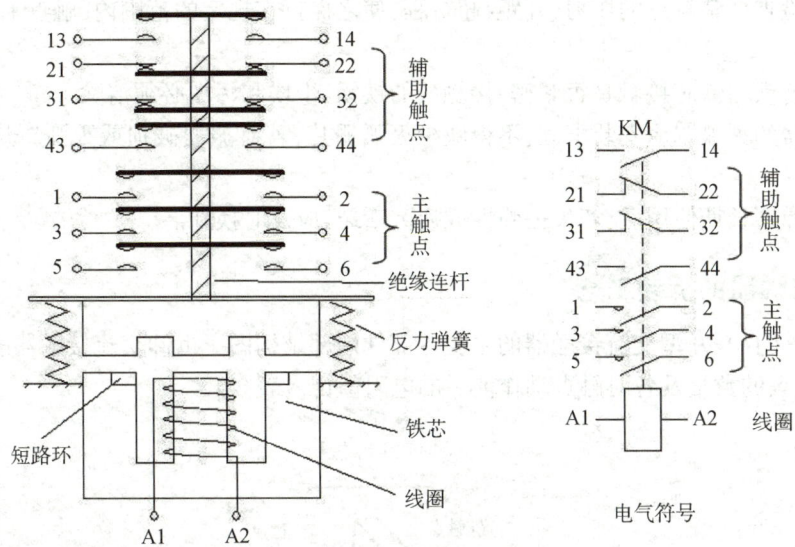

图 2-2 交流接触器结构示意图及电气符号

其工作原理是：当电磁线圈通电时，静铁芯产生电磁吸力，将动铁芯吸合，由于触点系统通过绝缘连杆与动铁芯联动，因此动铁芯带动主触点闭合，辅助触点也随之动作；当线圈断电时，电磁吸力消失，动铁芯联动部分依靠反力弹簧的反作用力而分离，使主触点断开，辅助触点也随之动作。

(一) 接触器的选用

选择接触器时应根据不同的使用条件，正确地选择产品类型和容量等级。主触点的额定电流应大于或等于负载的额定电流，在频繁操作或用于电动机正反转及反接制动的场合，选择接触器容量必须考虑电动机的起动电流、通电持续率。

电磁线圈允许在额定电压的 85%~100% 范围内正常使用，其电压等级有 36 V、110 V、127 V、220 V、380 V 等，可根据控制回路的电压等级来选择。一般规定，吸合电压不低于电磁线圈额定电压的 85%，释放电压不高于电磁线圈额定电压的 70%。

(二) 接触器维护保养及注意事项

接触器维护保养及注意事项主要包括：

①经常保持接触器的清洁（用干燥的压缩空气吹净浮灰或用刷子蘸电器清洁液刷净）。若触点表面由于电弧作用而形成金属小珠，应及时铲除。若触点严重磨损，超程应及时调整，当厚度只剩下 1/3 时，应及时调换触点。银及银基合金触点表面在分断电弧中生成的黑色氧化膜接触电阻很低，不会造成接触不良现象，所以不必挫修，否则会使触点寿命大大缩短。

触点磨损深度不得超过 1 mm，严重烧损、开焊脱落时必须更换触点，银或银基合金触点仅有轻微烧损或接触面发黑或烧毛，一般不影响正常使用，可不进行清理，否则反而会促使接触器损坏。在影响接触时，可用整形挫磨平打光，除去触点表面的氧化膜，不能使用砂纸。

②检查接触器各紧固件是否松动，特别是紧固压接导线的螺钉，以防止松动脱落造成连接处发热。如发现过热点，可用整形锉轻轻锉去导电零件相互接触面的氧化膜，再重新固定好。

③定期检查调整触点的压力、开距、超行程,使之保持在规定的范围内,触点上不得涂抹润滑油。

④检查衔铁与铁芯接触是否紧密,接触处的铁锈、尘埃和污垢必须清除干净。

⑤接触器的灭弧罩应安装牢固,不得缺少灭弧栅片,若有振裂破损或灭弧罩烧损严重,应予更换。

⑥反力弹簧长期使用后,若失去弹性或疲劳断裂,应及时换新。

(三) 接触器的拆装工艺

图 2-3 是 CJ10-20 型交流接触器的主要零部件内部结构图。拆卸交流接触器前,先将线圈数据、不同触点的数量及各对触点动作前后的电阻值记入表 2-1。

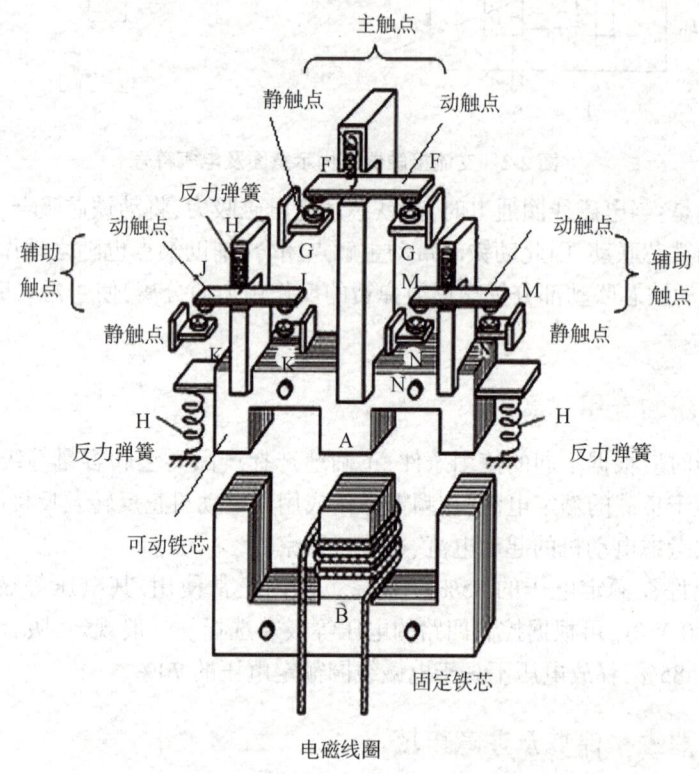

图 2-3 CJ10-20 型交流接触器的主要零部件内部结构图

表 2-1　接触器检测记录表

主要零部件			型号		容量(A)	
序号	名称	作用				
			触点对数			
			常开	常闭	常开	常闭
			触点电阻			
			常开触点		常闭触点	
			动作前	动作后	动作前	动作后
			电磁线圈			
			工作电压(V)		直流电阻(Ω)	

1. 接触器拆卸步骤

①拆卸灭弧罩

拆下灭弧罩上面的紧固螺钉,取下灭弧罩。

②拆卸主触点

用手向上拉紧主触点定位弹簧夹,取下主触点的动触点桥及主触点压力弹簧片。拆卸主触点的动触点时必须将主触点侧转 45°后取下。拧出主触点的静触点与接线座铜条上的螺钉,即可将静主触点取下。

③拆卸辅助触点的静触点

松开辅助常开静触点的接线端螺钉,取下常开静触点。

④拆卸底部盖板

将接触器倒置,底部朝上,松开接触器底部的盖板螺钉,取下盖板。在松盖板螺钉时,必须用另一只手压住胶木盖板,以防缓冲弹簧的弹力将盖板弹出。

⑤拆卸静铁芯

取下由底部盖板压住的静铁芯缓冲绝缘纸片及静铁芯,取下静铁芯支架及缓冲弹簧。

⑥拆卸电磁线圈

拔出线圈接线端的弹簧夹片,取下线圈。

⑦拆卸衔铁及支架

取下反力弹簧,取下衔铁和支架,从支架上取下动铁芯定位销,取下动铁芯及缓冲绝缘纸片。接触器的拆卸基本结束。

2. 接触器的修理及装配

接触器需修理或更换的元器件主要是动、静主触点和电磁线圈。修理后的装配可按与拆卸相反的步骤进行。

3.接触器的功能测试

接触器可以通过断电或通电方式实现功能测试。

断电测试时,选择万用表的欧姆挡合适量程检查线圈是否良好;使用蜂鸣器挡测试主触点、辅助触点是否良好,测试时用手按动绝缘连杆顶端的方式。注意检查运动部分是否灵活,以防产生接触不良、振动和噪声。用兆欧表测量各主触点间及主触点对外壳绝缘电阻是否符合要求。

通电测试时,根据铭牌数据接入线圈电压,测试主触点、辅助触点是否良好。

4.拆装注意事项

①拆卸过程中,应备有盛放零部件的容器,以免丢失零部件。零部件应按顺序整齐放置,以便于装配。

②拆装过程中不允许硬撬,以免损坏电器。装配辅助静触点时,要防止卡住动触点。

③通电测试时,接触器应固定在控制板上,并有人监护,以确保用电安全。

④调整触点压力时,注意不得损坏接触器的主触点。

二、继电器

继电器是在电力拖动控制线路中,作为远距离接通与分断交直流小容量控制和保护电路或作为信号转换的中间元件。

继电器的种类很多,按控制线圈电流种类分为交流控制继电器和直流控制继电器;按作用原理不同分为电压继电器(电磁式)、过流继电器(电子式)、时间继电器、压力继电器、温度继电器、固态继电器等。

第二节 压力继电器、温度继电器的参数整定

(本节内容适用于:750 kW 及以上船舶二/三管轮)

一、压力继电器

压力继电器又称压力开关,图2-4是船上常用的YWK-50型单元式压力继电器实物图,它属于波纹管式传感器,可用于气体、蒸汽等气体介质和液体介质。继电器的压力设定值可调,调节范围为-0.1~4 MPa。幅差值可调,调节范围为 0.07~0.25 MPa。

(一)工作原理

压力继电器利用介质压力与弹簧力的平衡关系来开、闭电气微动开关触点(触点为一组,分3端:COM、NC、NO),在介质压力上升或下降到由弹簧力预先调定的开、闭压力时,使微动开关通、断,改变电信号,控制其他电器动作(如电动机、电磁阀、各类继电器、PLC 输入通道

等),用以实现泵的起动或停止、执行元件的顺序动作或系统的安全保护等功能。

在图 2-4 中,压力继电器有两个调节旋钮,可以实现压力设定值调整和幅差值调整。顺时针转动上端左侧的"压力设定值调整"旋钮,会使压力设定值增加,反之减小;顺时针转动下端左侧"幅差值调整"旋钮,会使压力幅差增加,反之则减小。

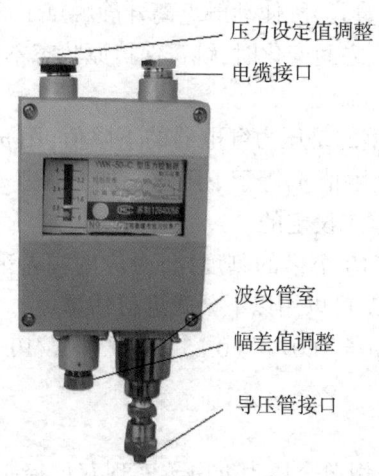

图 2-4 YWK-50 型单元式压力继电器实物图

图 2-5 是 YWK-50 型单元式压力继电器的结构原理图。被测量的压力信号 p 接至测量室,通过波纹管转换为力信号作用于比较杠杆,产生测量力矩。此外,杠杆上还作用着由设定弹簧产生的设定力矩和由幅差弹簧产生的幅差力矩。

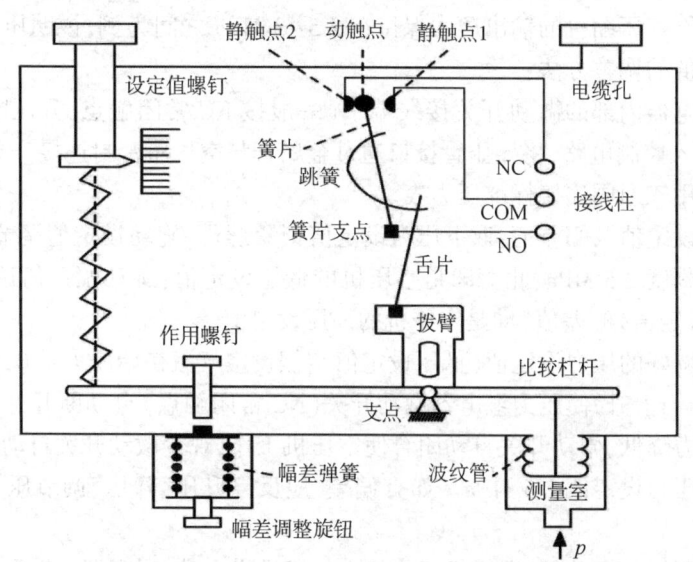

图 2-5 YWK-50 型单元式压力继电器的结构原理图

当输入信号 p 处在压力的下限值以下时,比较杠杆处于水平位置。此时,动触点与静触点 2 闭合,作用螺钉与幅差弹簧盘之间存在一定的间隙,幅差弹簧对杠杆不起作用。

当 p 增大时,杠杆绕支点逆时针转动,拨臂左移,带动舌片使跳簧压缩,储存弹性能。同时,作用螺钉与幅差弹簧盘的间隙逐渐消失。杠杆继续转动,不仅要克服设定力矩,还要克服幅差力矩。当杠杆转过某个角度,即被测量压力 p 达到上限值时,舌片正好与簧片处在同一平面,跳簧有了释放能量的机会,迅速把簧片弹开,使动触点离开静触点 2 而与静触点 1 闭合,触点切换。

当压力 p 降低时,比较杠杆绕支点顺时针转动,当比较杠杆回到水平位置时,舌片又与簧片处在同一平面,跳簧再次把舌簧弹开,使动触点离开静触点 1 而与静触点 2 接触。

当压力 p 在上限值和下限值之间变化时,跳簧保持原状态不变,也就是压力继电器的输出状态不变。

"压力设定值调整"旋钮调整的是压力继电器的下限值,用 p_L 表示,"幅差值调整"旋钮调整的是幅差 Δp,压力继电器的上限值 p_H 等于下限值 p_L 加上幅差 Δp,即 $p_H = p_L + \Delta p$。因此,压力继电器的上限值是通过调整幅差来设定的。

"幅差值调整"旋钮上标有 10 个格的刻度挡,对应的幅差范围是 $\Delta p = 0.07 \sim 0.25$ MPa。"幅差值调整"旋钮所调的格数 X 可以用以下公式进行估算:

$$\Delta p = 0.07 + (0.25 - 0.07) \times X/10$$

(二)双位控制的调节

通过"幅差"的调整,可以采用单个压力继电器实现双位控制,其控制原理是:假设压力设定值在 2.5 MPa,幅差值在 0.5 MPa 时,从导压管加压,实际压力达到 3 MPa 时,电气微动开关触点动作(常闭触点断开、常开触点闭合);继续加压超过 3 MPa 然后减压,实际压力降至 3 MPa 时,电气微动开关触点不动作;继续减压,实际压力降至 2.5 MPa 时,电气微动开关触点复位(常闭触点恢复闭合、常开触点恢复断开)。

下面以船舶空气压缩机的输出压力保持在 2.5~3 MPa 之间为例,说明压力继电器的使用和设定值及幅差值的调整方法:

①将压力继电器内部的微动开关接线端子(一般接 NC 常闭触点,升压断开、降压接通)接入控制电路,将导压管接口通过金属管与空气瓶密封连接。导压管接口处应使用三通阀连接标准压力表。

②调好压力设定值及幅差值:取下压力设定值锁紧螺母,旋动设定值调节螺丝,将压力指针指示在标度尺刻度 2.5 MPa,此值即是空压机的低压设定值;旋动幅差值调节螺丝,调至约 0.5 MPa,"压力设定值+幅差值"即是空压机的高压设定值。

③首先校验调好的压力设定值(低压设定值):假设空气瓶初始压力是 0,接通电源使空压机工作,空气瓶压力上升,使压力继电器微动开关(NC 常闭触点)自动断开,空压机停止工作;然后使空气瓶压力降低,微动开关自动闭合使空压机工作,观察微动开关自动闭合时的压力值是否是设定好的压力设定值 2.5 MPa。如有偏差,应反复升压、降压、调节压力设定值螺丝进行试验调整。

④然后校验调好的幅差值:空压机工作使空气瓶压力上升,观察压力继电器的常闭微动开关自动断开时(此时使控制电路断电,空压机停转)的压力值是否是 3 MPa(高压设定值)。如有偏差,应反复升压、降压、调节幅差值螺丝进行试验调整。

需要注意的是:压力继电器指针指示值为低压设定值,设定值调节范围即低压设定值调节范围;幅差旋钮上的数字仅表示幅差的大小程度而非实际值,实际压力应从标准压力表读取。

二、温度继电器

温度继电器又称温度开关,由毛细管温包式的传感器和电气微动开关等组成,前者通常包括毛细管温包、调压复位弹簧和限位机构等。图2-6是船上常用的WTZK-50型压力式温度继电器,属于波纹管式传感器,可用于对铜和铜合金无腐蚀作用的气体、蒸汽等气体介质或液体介质,控制器的温度设定值可调,调节范围为-60~170 ℃。幅差值可调,调节范围为3~5 ℃。当被测介质温度升高时,插入其中的温度继电器的毛细管温包和波纹管中的感温剂气体膨胀,使波纹管伸长并克服弹簧的弹力,控制微动开关动作;当温度降低时,温包内气体收缩,波纹管收缩与弹簧一起动作,使微动开关复位,如此反复动作,从而达到温度控制的目的。

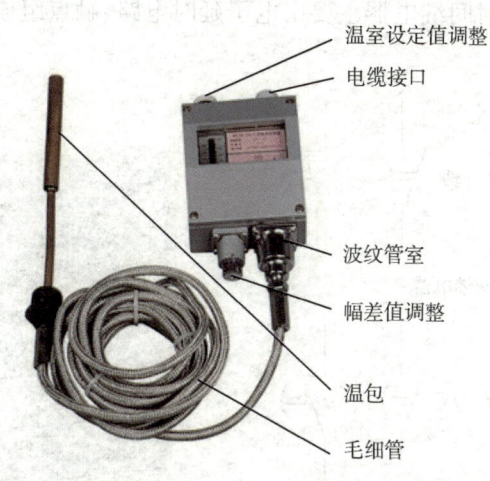

图2-6 WTZK-50型压力式温度继电器

下面以船舶冷库的温度保持在-8~-5 ℃的范围内为例,说明温度继电器的使用和设定值及幅差值的调整方法:

①毛细管温包固定在冷库内,其周围介质应保持流动,温度继电器装在冷库外,毛细管应可靠固定,将温度继电器内部的微动开关接线端子(一般接NC常闭点,升温接通、降温断开)接入控制电路中。冷库内应设置标准温度表。

②调好温度设定值及幅差值:取下温度设定值锁紧螺母,旋动设定值调节螺钉,将温度指针指示在标度尺刻度-8 ℃,此值即是冷库的低温设定值;旋动幅差值调节螺钉,调至约3 ℃。"温度设定值+幅差值"即是冷库的高温设定值。

③首先校验调好的温度设定值:假设冷库初始温度是室温20 ℃,接通控制电路电源,冰机工作使冷库温度下降,注意观察温度继电器微动开关自动断开时的温度是否是设定好的温度设定值-8 ℃(此时使制冷电动机停机)。如有偏差,应反复升温、降温、调节温度设定值螺丝进行试验调整。

④然后校验调好的幅差值:使冷库温度上升,观察温度继电器的微动开关自动闭合时(此时使控制电路有电,冰机工作制冷)的温度值是否是-5 ℃(高温设定值)。如有偏差,应反复升温、降温、调节幅差值螺丝进行试验调整。

需要注意的是:温度继电器指针指示值为低温设定值,设定值调节范围即低温设定值调节范围;幅差旋钮上的数字仅表示幅差的大小程度而非实际值,实际温度应从标准温度表读取。

第三节　时间继电器的参数整定

(本节内容适用于:750 kW 及以上船舶二/三管轮)

时间继电器从线圈通电或断电起,需要经过一定的延时后才能使触点动作,主要用于需要按时间顺序控制的电路中。时间继电器可分为通电延时型和断电延时型两种类型。目前在实际应用中多采用的电子式时间继电器主要由电子延时电路、触点组成。图 2-7 是时间继电器 KT 的电气符号和实物图。

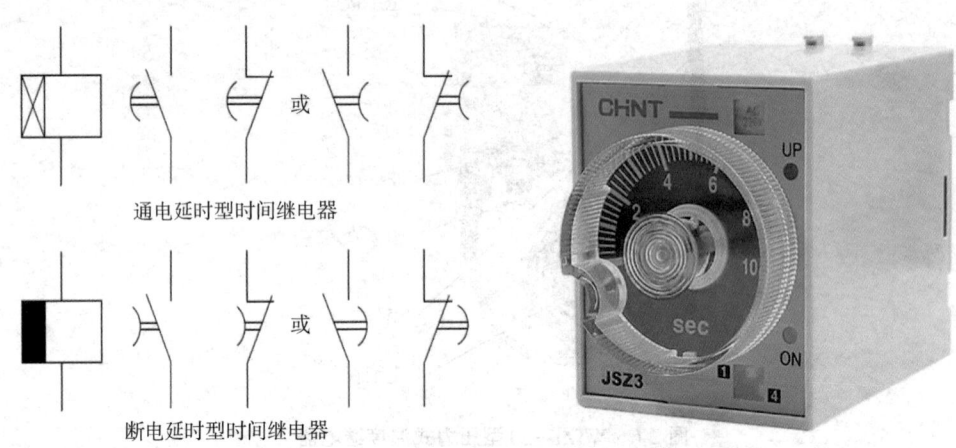

图 2-7　时间继电器 KT 的电气符号和实物图

1.时间继电器的整定方法和步骤

图 2-8 是时间继电器的整定方法和步骤图,按以下步骤进行整定:

第一步:识别是通电延时型还是断电延时型。

第二步:根据控制要求选择延时范围,按图(a、b、c、d)调整延时范围及刻度片(有的型号无此功能)。

第三步:根据延时范围调整延时时间。顺时针方向转动刻度盘为增大延时时间,逆时针方向转动刻度盘为减小延时时间。

第四步:调整完成后必须进行通电试验验证,确保延时基本正确。

2.时间继电器的功能测试

时间继电器可以通过通电方式实现功能测试。

先查明时间继电器的整定时间,接着根据线圈额定电压正确接入电源,然后接通电源,同时开始计时,用万用表的欧姆挡合适量程(或蜂鸣器挡)测试常闭、常开延时触点是否按整定时间动作。

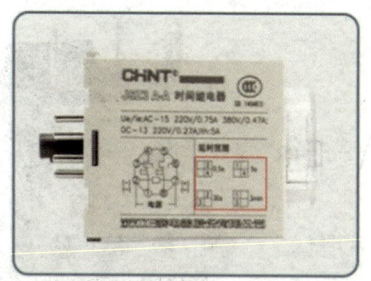
（a）选择4种延时范围的一种

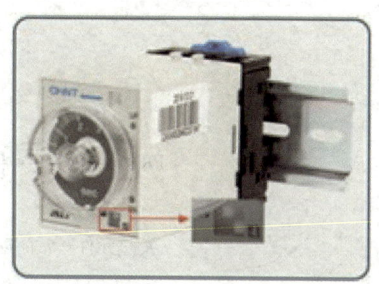
（b）拨动微动开关至相应位置

（c）向外拨开保护盖

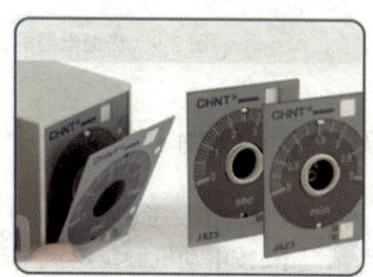
（d）内含2张正反不同的刻度片

图 2-8　时间继电器的整定方法和步骤图

第四节　热继电器的参数整定

（本节内容适用于：750 kW 及以上船舶二/三管轮）

热继电器是电流通过发热元件产生热量，使检测元件（一般采用双金属片）受热弯曲而推动连杆机构动作，从而使其输出触点的状态发生变化的一种继电器。热继电器中发热元件存在发热惯性，在电路中不能做瞬时过载保护和短路保护。它主要用于电动机的过载保护、断相保护和三相电流不平衡运行的保护及其他电气设备状态的控制。热继电器的保护特性、电气符号和实物图如图 2-9 所示。

在实物图中，三个纯铜插脚插入接触器主触点下端并用螺钉拧紧，接线端（T1/T2/T3）连接电动机三相定子绕组；NC 常闭触点（95/96）、NO 常开触点（97/98）根据不同功能要求接入控制电路；a 是电流值刻度盘，可以用螺丝刀轻轻转动以调节电流整定值；b 是手动复位按钮，热继电器设定成手动复位方式时起作用；c 是测试按钮/脱扣指示器，过载未动作时，往左拨时 NC 常闭触点（95/96）断开，NO 常开触点（97/98）闭合；过载动作时给出脱扣指示；d 是停止按钮，按下时使 NC 常闭触点（95/96）断开；e 是手动/自动复位方式选择开关。

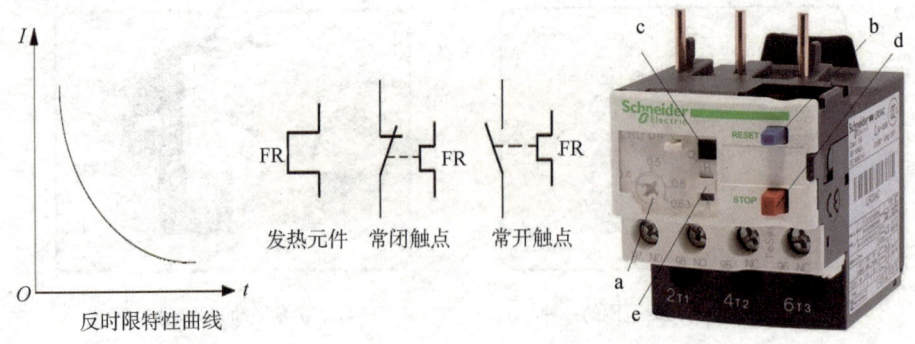

图 2-9　热继电器的保护特性、电气符号和实物图

一、热继电器的选用

在选用热继电器时，主要考虑以下方面：

（1）一般情况下，按电动机额定电流来选择热继电器。热元件的额定电流应为电动机额定电流的 1.1~1.25 倍。

（2）热继电器整定值一般按电动机额定电流的 1 倍选取。

（3）当电动机起动频繁时，热继电器可能误动作，所以在控制重复短时工作制的异步电动机时，不宜用热继电器作过载保护，而应使用埋入电动机绕组的温度传感器来保护。

（4）热继电器具有很大的热惯性，因而不能作为线路的短路保护。

（5）热继电器一般都有手动与自动复位两种方式，并且可以利用螺钉调节成任一方式，以满足不同场合的需要。凡能自动复位的热继电器，动作后应能在 5 min 内可靠地自动复位；而手动复位的热继电器，在动作后 2 min 内用手按下手动复位按钮时，也应可靠地复位。采用自动元件控制的自动起动电路应将热继电器设定为手动复位形式。

二、热继电器电流整定值的调整

热继电器电流整定值的调整按以下步骤进行：

（1）根据电动机的额定电流，选用热继电器。

（2）使用热继电器对电动机进行过载保护时，将热元件与电动机的定子绕组串联，将热继电器的常闭触头串联在交流接触器的电磁线圈的控制电路中。

（3）电流整定值一般应与被保护电动机的额定电流一致。若不一致，用一字螺丝刀转动电流值刻度盘进行调整。考虑到有时瞬时的超负荷，可整定在 1.05~1.2 倍的额定电流。

（4）整定后对热继电器进行试验和复位操作。试验时，可在热继电器的发热元件通以 1.2 倍额定值的实际电流，延时 20 min 触点动作。

三、热继电器的功能测试

热继电器可以通过断电或通电方式实现功能测试。

断电测试时,选择万用表的欧姆挡合适量程检查发热元件是否良好;使用蜂鸣器挡测试常闭、常开辅助触点是否良好;按动"test"按键,测试常闭、常开辅助触点是否动作;按动"reset"按键,测试常闭、常开辅助触点是否恢复;按动"stop"按键,测试常闭触点是否能断开。

通电测试时,先查明电流整定值,发热元件通以1.2倍整定值的实际电流,同时开始计时,等待延时20 min。用万用表的欧姆挡合适量程(或蜂鸣器挡)测试常闭、常开延时触点是否正常动作。

四、热继电器常见故障的处理

热继电器常见的故障主要有以下几方面:

故障现象1:用电设备操作正常,但热继电器动作频繁;或电气设备烧毁,而热继电器不动作。

故障原因及处理方法:

①热继电器的整定电流值小于被保护的设备的额定电流,热继电器动作频繁;整定值太大,电器设备即使烧毁热继电器也不动作。此时应转动电流值刻度盘的刻度值使之与设备的额定电流相符。

②热继电器内可调整部件的固定支钉松动,不在原整定点上。此时要将支钉铆紧,并重新进行调整试验。

③经过大的短路电流后,双金属片已产生永久变形。此时要对热继电器进行重新调整或更换。

④热继电器久未校验,灰尘堆积或生锈,动作机构不灵。正常情况下应每年进行一次动作校验,定期清除灰尘或锈迹,重新进行动作机构调整。

⑤热继电器的外接线未接上或松动。

故障现象2:热继电器接入后主电路不通。

故障原因及处理方法:

①接线端的螺母松动。应拧紧接线端螺母。

②热元件烧毁。要更换热元件或热继电器。

故障现象3:热继电器的触点在控制电路中不通。

故障原因及处理方法:

①触点烧毁或变形不能接触。要修理或更换触点。

②刻度盘或调整螺钉转到了不合适的位置,使触点顶开。要重新调整刻度盘或调整螺钉。

③热继电器动作后未复位。检查复位模式,或是双金属片已产生永久变形。

第五节 评估练习题
（船舶常用电气设备的管理与维护）

- **评估练习题 12：继电器、接触器的维护保养**

评价标准：
①说明继电器、接触器在电路中的不同作用；
②测量继电器、接触器的主、副触点；
③接触器的触点维护；
④继电器、接触器的线圈测量。

- **评估练习题 13：测试、调整压力继电器（或温度继电器）的设定值与幅差值**

评价标准：
①按控制要求选用压力继电器（或温度继电器），正确连接；
②利用模拟设备对压力（或温度）继电器进行测试，读取压力（或温度）继电器调整前的下限值；
③利用模拟设备对压力（或温度）继电器进行测试，读取压力（或温度）继电器调整前的幅差值；
④利用模拟设备，根据要求对压力（或温度）继电器的下限值进行整定；
⑤利用模拟设备，根据要求对压力（或温度）继电器的幅差值进行整定。

- **评估练习题 14：整定时间继电器**

评价标准：
①区分通电延时型和断电延时型；
②根据控制要求，调整延时时间；
③校验延时时间，确保延时基本正确。

- **评估练习题 15：整定热继电器**

评价标准：
①能根据电动机的功率，选用热继电器；
②热继电器的正确接线和使用；
③说明热继电器上刻度指示、旋钮的作用，根据要求，调整动作整定值；
④对热继电器进行试验和复位操作。

第三章

船用电动机的管理与维护

电动机是船舶的主要电气负载,主要用于各种船舶机械的电力拖动系统,如电动甲板机械的舵机、起货机、锚机、绞缆机、舷梯绞车、电梯等,机舱中各种油泵、水泵、空压机、通风设备等。

本章主要介绍:船用电动机的维护保养,船用电动机的处理,船用电动机的故障判断,船用电动机的接线。

第一节　船用电动机的维护保养

(本节内容适用于:750 kW 及以上船舶二/三管轮、未满 750 kW 及以上船舶二/三管轮)

要保证船用电动机始终处于良好的工作状态,平时要对电动机实行经常性的维护和保养。维护和保养的内容要视电动机实际工作情况而定。下面介绍电动机的日常维护、保养知识以及常见故障分析。

一、日常维护、保养

船用电动机日常维护、保养的主要内容是对电动机进行清洁。

清除外表污物,以保证电动机正常运转和散热。封闭式电动机要保持通风沟槽清洁,风扇上的孔洞透气良好;防护式电动机除了保持外表清洁外,还要注意通风孔道的畅通,在不拆卸端盖的情况下,可对防护式电动机绕组端部进行擦拭或吹拂,以免有害物质腐蚀绝缘;直流电动机有电刷磨损,用吹风机吹去绕组端部和换向附近的电刷粉末及灰尘等。

保持电动机的工作环境符合使用规定的要求,如无水、无腐蚀性气体等。

轴承的维护工作主要是监视轴承温度和监听运转声音是否正常。

二、运行中的监视

为了保证设备正常工作,管理人员应经常监视电动机的运行情况。

1. 监视电源电压

电动机端电压必须保持额定值,电压过高或过低都会引起电枢电流、转矩和温升的变化,要求电源电压数值与额定值相差不超过 $+6\% \sim -10\%$,三相电压不平衡程度不得超过 $\pm 5\%$。

2. 监视电动机工作电流

电动机运行时,工作电流应在额定值以内,三相异步电动机电流应平衡,其不平衡程度允许在 $\pm 10\%$ 以内。船用电动机铭牌上的额定电流,是指环境温度 45 ℃、运行时温升不超过允许值时的电流,如果环境温度上升了,超过 45 ℃,电动机长期运行允许的电流就要比铭牌数据小。

3. 监视电动机的温升

在额定运行工况下的电动机,其温升不应超过允许值。若温升超过允许值,则表明电动机或控制设备和负载等有问题,必须查明原因,排除故障后,才能继续运行。监视温升可以用温度计,也可凭经验判断。

4. 监听电动机运行时的声音

正常运行的电动机,由于轴承摩擦、铁芯反复磁化和风扇转动等原因,会产生一种均匀连续不断的声音,安装合格的电动机在正常情况下不会振动。当电动机有故障或机械部件不正常时,电动机的声音异常,并发生振动。

监听轴承的声音可用螺丝刀接触轴承盖,手柄贴在耳朵上,即可听到轴承运转的声音。若声音连续均匀,则说明轴承工作正常;若发出断续的咕噜声或其他杂音,则表明轴承异常,应检查处理。

三、新装或大修后电动机的验收

为了检验新装或大修后电动机的质量,通常应做如下的检查和试验:

1. 外观检查

通电前必须检查电动机的装配质量。电动机各部件应安装正确,螺钉固紧;转子转动应灵活自如,可用千分表检查轴的径向偏摆及轴向游隙,其误差应符合要求或不大于修理前的数值;检查引出线及线端标志是否牢固、清楚。

直流电动机尚需检查电刷与换向器的接触面、电刷压力是否符合要求;在光亮处观察其接触面不应小于 70%。

最后检查机壳表面喷涂质量是否符合要求。

2. 测量绝缘电阻

用兆欧表测量电动机冷态绝缘电阻。电动机各相对地绝缘电阻和相间绝缘电阻不得低于 5 MΩ。

3.耐压试验

电动机更换全部定子绕组之后,有条件的应进行耐压试验,测定绕组对地和各绕组之间的绝缘强度。额定电压为 380 V、额定功率为 1 kW 以上的电动机,试验电压有效值为 1 760 V、频率 50 Hz;额定电压为 380 V、额定功率小于 1 kW 的电动机,试验电压为 1 260 V、频率为 50 Hz。绕组应能承受耐压试验 1 min。

4.空载试验

试验前用电桥测量三相绕组的电阻是否相等,各相相差数值应小于±5%。

在开始空载试验时,首先进行点动,以便检查转向是否与机械负载要求相符,若转向相反,对于交流电动机,可对调任意两相接线;对于直流电动机,可对调励磁绕组或电枢绕组的两线。

定子绕组加三相额定电压起动,并空载运行半小时。用钳形表分别测量三相电流,看是否平衡,各相相差应不超过±10%,空载电流与额定电流的比值,看是否符合大修前该电动机正常运行时的数值。通常空载电流为额定电流的 25%~40%,如果空载电流过大,电动机负载能力将减小。若仍拖动原来负荷,电流将超过额定值,导致电动机温升过高。直流电动机的空载电流应小于额定电流的 5%。

用转速表测量电动机的转速,一般应不低于大修前的数值,对新装电动机,其转速应与铭牌标称值一样。在电动机转动时应观察有无定、转子相擦,风扇与风扇罩相碰等现象。监听电动机运行时有无异常的声音等。

直流电动机还需检查空载下的换向火花。空载运行时应没有火花,否则应检查电刷位置、电刷与换向器的接触、电刷是否跳动等情况。

5.负载试验与温升的测定

空载试验一切正常之后,进行负载试验,观察电动机的运行状态。

负载试验应考虑电动机铭牌规定的定额,若不是连续工作的电动机,应按定额进行负载试验。各试验及检查的项目、内容、结果都应有详细的记录以备查阅。

大修后的电动机验收工作还必须考虑船舶检验部门的其他特殊要求。如果有噪声,把联轴器脱离,这时电动机空载运行。若这时噪声消失,说明联轴器安装不良;若噪声仍然存在、振动,说明轴或轴承本身故障,需要解体检查。

四、船用电动机的拆卸与装配工艺

在检查、清洗、修理电动机内部或更换润滑油、拆换轴承时,都需要对电动机进行拆卸与装配。在电动机检修中,应熟练掌握拆卸与装配技术。本节主要介绍三相异步电动机拆卸与装配工艺,其他电动机可参照此方法。

(一)拆卸与装配的基本要求

拆卸任何一种电动机之前必须了解被拆卸电动机的运行原理、性能和结构情况,熟悉相关技术资料,根据资料拟定拆卸方案。图 3-1 是常用的三相交流异步电动机结构图。

1.三相异步电动机的结构

三相异步电动机由定子和转子两大部分组成,定子包括定子铁芯、定子绕组、机壳、端盖等。转子包括转子铁芯、转子绕组、转轴等。

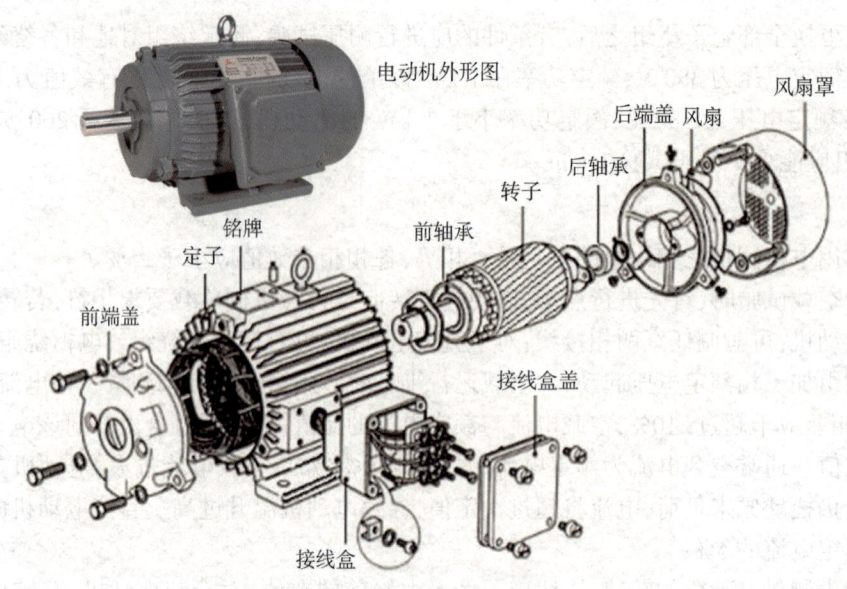

图 3-1　常用的三相交流异步电动机结构图

2.三相异步电动机的铭牌数据及其意义

电动机的铭牌是认识和维修电动机的依据。如表 3-1 所示,铭牌参数包括型号、额定功率、额定电压、额定电流、接线方法、绝缘等级和防护等级等。

表 3-1　三相异步电动机的铭牌

电磁制动三相异步电动机			
型号　YEJ112M-4			编号　0233
4 kW	380 V	8.9 A	接法△
励磁电压 170 V	1 440 r/min	LW　79　dB(A)	
制动力矩 40 N·m	IP44	50 Hz	56 kg
标准编号 JB/15456—92	工作制 S1	B 级绝缘	

(1) 型号

型号反映电动机的基本特征,包括产品代号、规格代号、特殊环境代号等。

如 Y100L1-2:Y 为异步电动机,100 为机座中心高,L 为机座长度代号,1 为铁芯长度代号,2 为极数。

YR 为绕线式电动机,YB 为防爆式电动机,YD 为调速式电动机,YQ 为高起动转矩电动机,YZ 为起重和冶金用电动机,YH 为船用电动机等。

选择电动机时应根据情况选择合适的型号。更换电动机应尽量换相同型号的电动机。

(2) 额定功率 P_N

电动机在额定条件下运行时轴上输出的机械功率。

(3)额定电压 U_N/额定频率 f_N

电动机在额定条件下运行时加在电动机定子绕组上的线电压及其频率。如 380 V,50 Hz；440 V,60 Hz。

(4)额定电流 I_N

电动机在额定条件下运行时电动机定子绕组上的线电流。

(5)额定转速 n_N

电动机在额定条件下运行时电动机每分钟的转数。

(6)接线方式

电动机在额定条件下运行时电动机绕组的连接方式有△、Y两种。

(7)绝缘等级

绝缘材料决定电动机允许的最高温度。不同绝缘等级的材料的最高允许温度如表 3-2 所示。

表 3-2 绝缘材料温度等级

绝缘等级	Y	A	E	B	F	H	C
最高允许温度/℃	90	105	120	130	155	180	>180

(8)防护等级

电动机的防尘、防水等级,用 IPXX 表示。

第一个数,防尘等级,可分为 0~6 七个等级：

0 级:无防护；

1 级:防直径>50 mm 的固体；

2 级:防直径>12 mm 的固体；

3 级:防直径>2.5 mm 的固体；

4 级:防直径>1 mm 的固体；

5 级:防尘；

6 级:尘密。

第二个数,防水等级,可分为 0~8 九个等级：

0 级:无防护；

1 级:防滴；

2 级:15°防滴(垂直方向)；

3 级:防淋水(60°防滴)；

4 级:防溅(防任意方向的溅水)；

5 级:防冲水；

6 级:防猛烈海浪；

7 级:防浸水；

8 级:防潜水。如 IP44 表示 4 级防尘、4 级防水。

(9)工作制(运行方式)

S1:连续运行,电动机在额定条件下可长时间运行。

S2:短时运行,电动机在额定条件下只能工作规定的时间,可分为 15 min、30 min、60 min、

90 min 四种。

S3：断续周期工作制，可分为 15%、25%、40%、60% 四种。

（10）标准编号

标准标号表示制造这台电动机所依据的标准。GB 为国家标准；JB 为机械行业标准。

（二）拆卸前的准备

（1）切断电源，悬挂警示牌，拆开接线盒内电动机与电源的连接线，并做好与电源线相对应的标记，以免恢复时搞错相序，并将电源线的线头缠上绝缘胶布，做好绝缘处理。

（2）备齐拆卸与装配工具。要准备的工具主要有拉具（也称扒子、拉马）、套筒扳手、叉口扳手、卡簧钳、绝缘钢丝钳、螺丝刀、铜棒、铁锤、铜锤、木榔头、木板、毛刷、黄油、干电池、万用表、导线等。

（3）选好拆卸电动机的场地，并事先清洁和整理好现场环境。场地要宽敞明亮、干燥且附近无杂物，以便放置拆下的零部件。

（4）拆下电动机负载，并拆下地脚螺母，将电动机拆离基础并运至拆卸现场，若机座与基础之间有垫片，注意每个螺栓下的垫片数不可混淆，应做好记录并妥善保存。

（5）做好拆卸前的检查、记录、标记工作。标记主要是端盖与机座合缝处标记，以保证拆卸前后端盖的位置不变，从而保证端盖与机座的止口处封闭良好；还有端盖、轴承、轴承盖和机座的负荷端与非负荷端标记等。标记可用扁铲打上位置标记或用记号笔做标记。

（三）交流电动机拆卸时的注意事项

（1）拆卸时不得损坏机械和电气部分结构部件，尤其在抽取转子时不要碰伤定、转子。

（2）拆卸电动机的轴承端盖时要用记号笔打上记号，拆卸时应妥善（按先后顺序）放好拆下的零部件。

（3）对于不熟悉的结构，拆卸时应按先后次序做好标记。

（4）使用适当大小尺寸的工具，用力不可太猛。

（5）不得使用铁锤等硬金属直接敲打轴承、端盖等部件。若需敲打，一般采用铜棒或木板垫着按对称位置均匀敲打。

（四）拆卸步骤

异步电动机的常规拆卸顺序如图 3-2 所示，详细步骤说明如下：

（1）拆卸电动机联轴器。先松开联轴器（一般都是钢性或柔性联轴器）上的定位螺钉或取下止动销子，用专用工具两爪或三爪拉具拉下电动机轴上的联轴器。

（2）拆卸风扇罩壳及风扇。注意风扇轴上装有止动螺钉或卡簧和销子，取下止动螺钉或卡簧和销子后，用专用工具两爪拉具取下风扇，如图 3-2 中 1、2 所示。

（3）拆下前轴承外盖（左端）和前后端盖的紧固螺钉，如图 3-2 中 3 所示。

（4）抽出转子。用木板（或铅板、铜板）垫在电动机转轴前端（左端），用手锤将转子和后端盖（右端）从机座中敲出，从定子中取出或吊出转子，如图 3-2 中 4、5 所示。

（5）拆卸前端盖。从右侧用木棒伸进定子铁芯，顶住前端盖内侧，用手锤将前端盖敲出机座，如图 3-2 中 6 所示。

（6）从转子上卸下后轴承外盖和后端盖。前后端盖在外形上一般很相似，做标记时要有所区别，以免装反，影响转子同心度，造成气隙不均甚至定、转子相摩擦。

（7）最后拆卸前后轴承及轴承内盖。

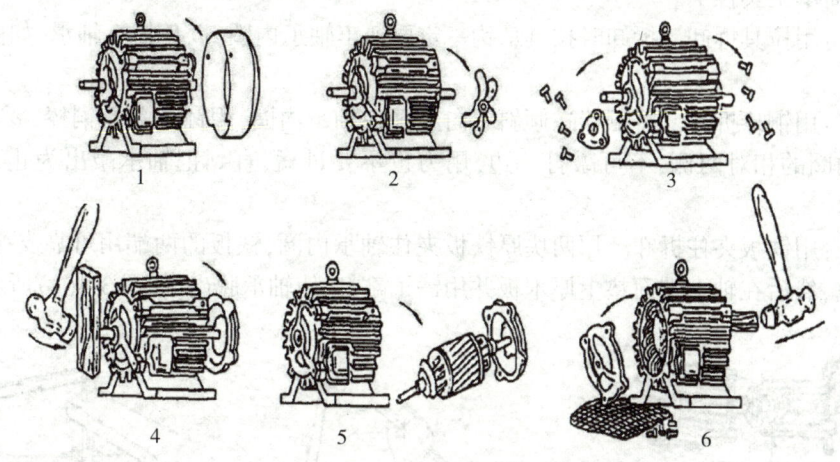

图 3-2 异步电动机的常规拆卸顺序

（五）主要部件的拆卸工艺

1.联轴器的拆卸

先松脱联轴器的止动螺钉或定位销子，再在联轴器内孔和转轴结合部加入少许滑油并轻轻敲打几下，然后用拉具钩住联轴器的外缘缓缓拉出。拉具的使用方法如图3-3所示。

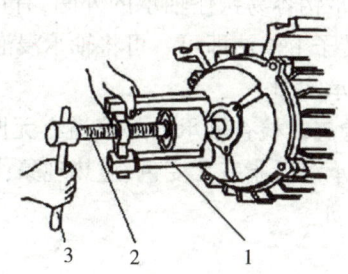

图 3-3 用拉具拆卸联轴器

1—爪钩；2—丝杆；3—手柄

拉具在使用时，爪钩 1 要抓住联轴器，丝杆 2 顶正电动机轴的顶针孔，即丝杆的轴心线与转轴轴心线重合，为防止用力时拉具随转轴一起转动，需要在丝杆下面衬垫木块。然后在丝杆上均匀加力，边旋转手柄，边观察联轴器的松动情况。若遇到转轴与联轴器结合处锈死或配合过紧而拉不下来时，切忌硬卸，以免损坏联轴器。一般可用加热的方法解决，先将拉具装好并扭紧到一定程度，用石棉绳包住转轴，用喷灯在联轴器周围快速而均匀地加热，使其膨胀，待温度升到 250 ℃左右时，加力旋转拉马丝杆，即可将联轴器拔下。

注意拆卸时不要用锤子直接敲打联轴器，因为敲打会使联轴器破裂、变形、端盖受损等。拆卸时操作人员不得面对联轴器，以防其突然崩裂而受到伤害。

2.轴承的拆卸

电动机的轴承内圈与轴之间配合很紧,拆卸时可渗些滑油,然后用拉具拉下来。若无专用工具,可用简单工具拉下。

方法一:用拉具拆卸。拆卸时拉具爪钩一定要抓牢轴承内圈,以免损坏轴承,如图3-4(a)所示。

方法二:用铜棒拆卸。将铜棒在倾斜方向上顶住轴承内圈,用锤子敲打铜棒,要注意轮流敲打轴承内圈的相对两侧,不可敲打一边,用力也不要过猛,直到把轴承敲出为止,如图3-4(b)所示。

方法三:用铁板夹住拆卸。用两块厚铁板夹住轴承内圈,铁板的两端用可靠支撑物架起,使转子悬空,然后在轴上端面垫上厚木板并用锤子敲打,使轴承脱出,如图3-4(c)所示。

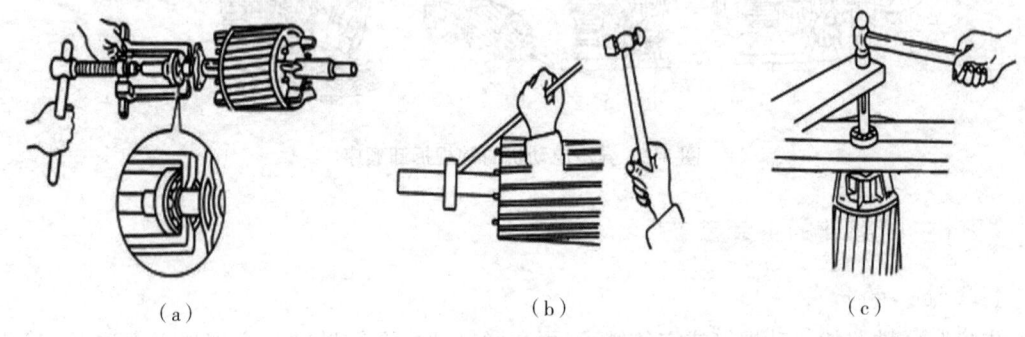

图3-4 轴承的拆卸

在用拉具拆卸轴承时,由于爪钩容易钩住轴承的外圈,有可能损伤轴承,因此若使用时轴承未见异常,可不拆下轴承,在转子上清洁即可。可将轴承浸泡在轻柴油中用刷子将旧的油脂清除,清洗后可用压缩空气将轴承吹净。

轴承有无异常一般凭经验检查。检查轴承内外滚道有无凹坑、锈蚀、变色;检查轴承保护架有无裂纹、磨损、松动;检查轴承润滑脂有无变色、过热现象;检查轴承间隙有无超过规定,手盘轴承转动有无异常、振动及摆动。

3.轴承盖和端盖的拆卸

由于大多数电动机的端盖都是用铸铁做成的,在拆卸中若不加注意端盖很容易损坏,所以采用正确的拆卸方法非常重要。

拆卸前先在端盖与机座结合处做好对正记号,然后拧下前后轴承盖螺钉,取下前后轴承外盖(有的电动机仅一端有轴承盖),再卸下前后端盖紧固螺钉,观察各螺孔的附近有无顶丝孔。若有顶丝孔,可把拆下的螺钉拧入顶丝孔中,依次对称旋紧螺钉,即可取下端盖;若无顶丝孔,可用铜棒或木棒垫着小心敲打端盖外缘耳攀(螺钉孔位置)处,谨慎取下端盖。敲打时应沿端盖外缘对称均匀敲打以保护止口,且用力要适当。小型电动机端盖可用螺丝刀或撬棍在端盖耳攀处均匀加力,将端盖撬出止口。注意不可用螺丝刀楔入止口拆卸,以免损坏止口而影响止口的密封效果。拆卸方法如图3-5所示。

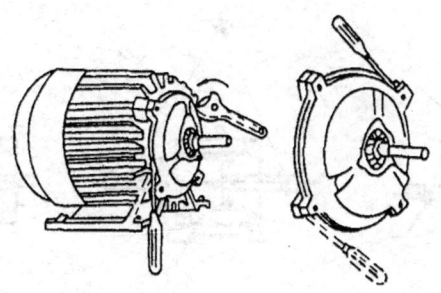

图 3-5 小型电动机端盖的拆卸

4.从定子中取出转子

在抽出转子之前,应在转子下面气隙和绕组端部垫上厚纸板,以免抽出转子时碰伤铁芯和绕组,抽出的转子要放在支架上。

小型电动机转子的拆卸:对于小型电动机的转子可直接用手取出,一只手握住转轴,把转子拉出一些,随后另一只手托住转子铁芯渐渐往外移,如图3-6所示。

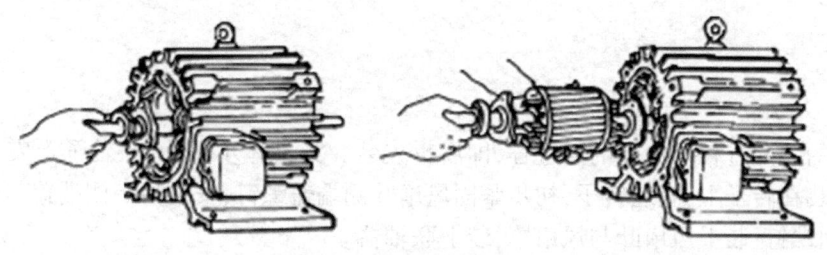

图 3-6 小型电动机转子的拆卸

中型电动机转子的拆卸:在拆卸较大的电动机时,可两人一起操作,每人抬住转轴的一端,渐渐地把转子往外移。若铁芯较长,有一端不好用力时,可在轴上套一节金属管当作假轴,方便出力,如图3-7所示。

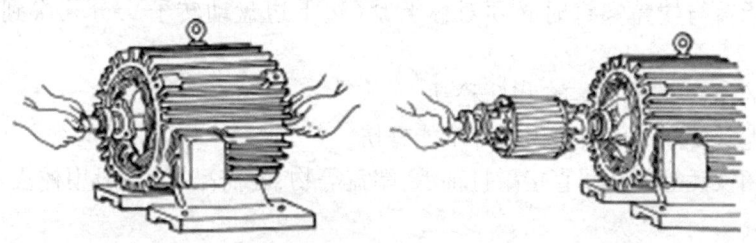

图 3-7 中型电动机转子的拆卸

对于大型的电动机,转子较重,不能用手抽出,可用起重设备将转子吊出。

如果转子轴伸出机座部分足够长,可直接用起重设备。吊出转子的顺序如图3-8所示。先将衬垫(纸板或棉布)垫在起重设备的绳子套内(保护转轴),拉紧起重吊绳;然后水平移动起重设备以保证电动机转子水平移动;当转子的一部分吊出定子时,用木块支起伸出定子的一端轴颈,再将绳子换在转子中部的重心范围,将其全部吊出。在吊出转子过程中,仍然要注意对电动机相关部分的保护。

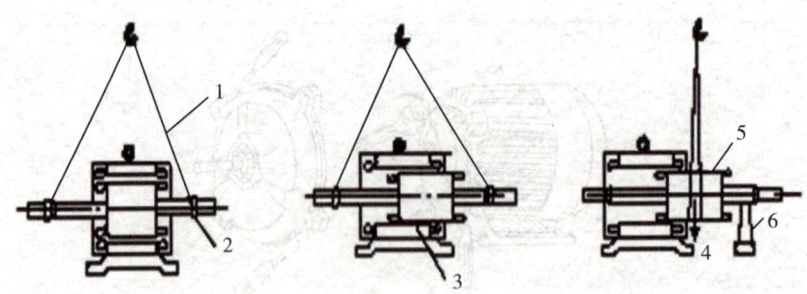

图 3-8 用起重设备吊出转子

1—钢丝绳;2—衬垫(纸板或棉布);3—转子铁芯可搁置在定子铁芯上,但切勿碰到绕组;
4—重心;5—绳子不要吊在铁芯风道里;6—支架

如果转子轴伸出机座部分较短,可在转子轴上的一端或两端加套钢管接长,形成所谓的假轴,然后用起重设备吊出转子;若电动机内部转子有风扇,抽出转子时要从有风扇的一端向外抽出;船上变极变速异步电动机,如起货机、锚机等电动机,由于转子上有两个外径不同的转子铁芯,应从外径大的一端抽出。

(六) 装配步骤及注意事项

1. 装配及注意事项

电动机的装配过程是拆卸的逆过程,即后拆先装。其具体步骤为:在转子上安装轴承;风扇叶侧端盖装在转子上;安装转子,初步紧固风扇叶侧端盖螺钉;安装另一侧端盖与轴承盖;盘动转子;紧固螺钉;装上风扇叶与风扇罩;装上联轴器。

在装配时需要注意以下几点:

①依据拆卸时所做的标记,不可装错。

②不得将异物或小零件遗忘在电动机内部,也不可装完后多出零件。

③正确使用装配工具,用力不可太猛,以防扭断螺钉或端盖耳攀。

④旋紧轴承盖与端盖螺钉时必须对称上紧(边上边盘动转子),分几次到位,不要损伤止口。

⑤螺母下的弹簧垫不得舍弃,以防松动。

⑥组装时尤其要注意保持绕组端部不能碰伤。

⑦不得使用铁锤等硬金属直接敲打轴承、端盖等物,若需敲打,一般用橡皮榔头或用软金属棒垫着。

2. 特殊零部件的装配工艺

(1)轴承的装配

安装轴承时,先在轴颈上抹一层机油,把轴承套在电动机转轴颈上,为使轴承内圈受力均匀,可用一根内径比转轴外径大而比轴承内圈外径略小的铜管抵在轴承内圈,敲击铜管使轴承沿轴平行移动直至到位,如图 3-9(a)所示。若没有铜管,可用铜棒抵住轴承内圈,沿内圈圆周表面均匀敲打,使其到位,如图 3-9(b)所示,是否到位可根据敲打声音判断。

如果轴承过紧,可将轴承放入 100 ℃左右的机油槽中,经 10~15 min 加热,取出后趁热将轴承迅速套在轴颈上轻轻敲打即可打入,即所谓的"热套法"。

注意:安装轴承时,标号必须向外,以便下次更换时查对轴承型号。

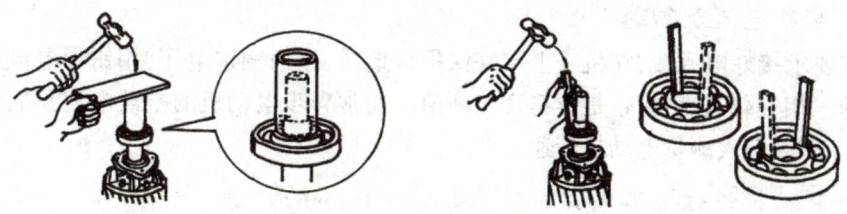

（a）用套管抵住轴承敲打　　　（b）用铜棒抵住轴承内圈敲打

图3-9　轴承的装配

（2）端盖的装配

①后端盖的装配。后端盖应装在后轴承上,装配时将转子竖直放置,使后端盖轴承座对准轴承外圈套上,然后一边使端盖在轴上缓慢转动,一边用木榔头均匀敲打端盖的中央部分,如图3-10（a）所示。如果使用铁锤,被敲打的部位必须垫上木板,直到端盖到位为止。上紧固定端盖的螺钉,然后套上后轴承外盖（有的轴承无外盖）,旋紧后轴承盖紧固螺钉。紧固内外轴承盖的螺钉时注意要对称地逐步拧紧,不能先拧紧一个,再拧紧另一个。按照拆前所做的端盖对齐标记,将转子送入定子内腔中,合上后端盖,按对角交替的顺序拧紧后端盖紧固螺钉,在拧紧螺钉的过程中,不断用木榔头在端盖靠近中央部分均匀敲打直至到位。

②前端盖的装配。装配前先用螺丝刀清除机座和端盖止口上的杂物和锈斑,然后将前端盖装到机座上,安装方法参照后端盖的装配方法,如图3-10（b）所示。

带有轴承内盖的电动机,在装配端盖时,还要在内外轴承盖中插入定位棒（一根铜丝或螺杆）,使内外轴承盖孔与端盖螺孔始终对准,这样容易装复。端盖装好后,先拧紧其余两颗轴承盖螺钉（轴承盖有三颗螺钉）,再用第三颗轴承盖螺钉换出定位棒。

（a）后端盖的装配　　　（b）轴承内外端盖的固定

图3-10　端盖的装配

（七）装配完工后的检查与测量

1.检查机械部分的装配质量

检查的主要内容是:所有紧固螺钉是否拧紧,转子转动是否灵活,有无转子扫膛、松脱现象,轴承内有无杂声,机座在基础上是否复位准确、安装牢固等。

2.测量绕组绝缘电阻

用便携式兆欧表测量绕组的绝缘电阻。船用额定电压为500 V以下的电动机每相绕组对地电阻和相间绝缘电阻要求不低于 5 MΩ。

3. 测量空载电流及转速

按铭牌要求接好电源线,在机壳上接好保护接地线,接通额定电压,用钳形电流表检测三相电动机的三相空载电流,检查是否符合允许值。通常异步电动机的空载电流是额定电流的 20%~50%。用转速表测量电动机转速。

4. 检查电动机运行中有无异常响声,监听轴承的声音

若声音连续均匀,则轴承运转正常;若发出断续的咕噜声或其他杂声,则表明轴承异常,应检查处理。

5. 电动机温升情况

检查温升必须让电动机连续带载运行 4 h 以上,温度升高值不得超过其绝缘等级允许的最高值。

第二节 船用电动机的处理

(本节内容适用于:750 kW 及以上船舶二/三管轮、未满 750 kW 及以上船舶二/三管轮)

一、清洁电动机、检查零部件、添加或更换轴承润滑脂

将电动机拆卸后,可以进行清洁电动机、检查零部件以及添加或更换轴承润滑脂的工作,主要包括:

①清洁电动机外壳;
②定子绕组若有污物应采用电器清洗液用刷子刷洗;
③检查轴承,采用正确方法更换轴承;
④正确添加轴承润滑脂:将润滑脂用手指从一边向轴承挤压,让润滑脂挤进轴承并从另一面挤出一部分,将挤出部分抹去,润滑脂不能加得太多,一般转速为 3 000 r/min 的电动机加轴承室空间容量的 1/2,转速为 1 500 r/min 的电动机加轴承空间容量的 2/3;更换轴承内的润滑脂时,必须将轴承内的旧润滑脂全部清洗干净,不可新旧润滑脂混用;
⑤检查定子绕组,看绝缘是否损伤与老化;
⑥检查转子绕组(或鼠笼条)是否断裂;
⑦检查转子两端轴颈,轴颈必须光洁无磨损;轴颈一般是轴上用来安装轴承的地方;
⑧检查端盖轴承孔,应光洁无磨损。

二、电动机受潮,绕组绝缘值降低时的处理方法

船用电动机长期处在潮湿、霉菌、盐雾的恶劣环境中,其绝缘电阻会下降。当绝缘电阻低于 0.5 MΩ 时,必须进行烘干处理,提高电动机的绝缘。

(一)烘干方法

烘干的方法很多,常用的有以下几种:

1.红外线灯泡或白炽灯烘干法

首先把电动机拆开,抽出转子,将电动机清理干净,把定子竖立放在木板或其他干燥的底座上,底部要留有空隙通风。将红外线灯泡或较大功率的白炽灯从端盖孔中吊入,最好吊在电动机内腔的中部,这样可使内部均匀受热。注意灯泡不能接触线圈和铁芯,防止局部过热,加剧绝缘老化。

2.烘箱烘干法

将解体后的电动机定子放入烘箱烘干,烘干时必须通风,注意控制温度,不能超过允许值,并做好记录。

3.主机或锅炉废热风烘干法

利用锅炉或主机的废热热风吹入电动机进行干燥。这种方法既简单又节省能源。

4.空载运行烘干法(又称铁损烘干法)

当电动机绝缘电阻有 0.5 MΩ 左右时,可使其空载运行,通过自身产生损耗驱潮烘干。

5.电流烘干法

抽出转子的电动机,在电动机的定子绕组上输入交流电流,利用绕组本身的铜耗发热进行烘烤干燥。可通过调压器调节输入的电压从而调节烘干电流的大小。一般开始时将电流调到 30%的电动机额定电流值,然后逐渐增大,根据所需的干燥温度,通常可将每相绕组的烘烤电流控制在其额定电流值的 60%左右。由于各种电动机的体积、烘烤条件不尽相同,以通电 3~4 h,绕组温度达 70~80 ℃为宜。电流烘干法技术要求较高,一定要在搞清楚具体操作方法后方能开始烘干,防止烧毁电动机。

(二)烘干过程

将电动机解体,用红外线灯或以上几种干燥法的一种对电动机进行干燥处理;干燥开始时应每隔 30 min 测一次温度和绝缘电阻,温度稳定后每隔 1 h 测量一次绝缘电阻。当绝缘电阻达 2 MΩ 以上而不变化(一般 2~3 h 内)即可停止烘干。

(三)烘干注意事项

(1)若电动机被海水浸泡而引起绝缘下降,应先采用淡水清洗(或煮)后烘干。将电动机放在淡水锅内煮 8~24 h,中间要多次换水,然后用烘箱或灯泡或热风干燥,不得采用电流烘干法、空载运行烘干法烘干。

(2)电动机烘干的温度由电动机的绝缘等级决定,一般比最高工作温度低 10 ℃。船用电动机多为 E、B 级绝缘,E 级绝缘烘干温度不得超过 120 ℃,B 级绝缘烘干温度不得超过 130 ℃。开始烘干后前 4 h,每小时提高 15 ℃,然后每小时提高 30 ℃直到最高允许温度。

(3)烘干时间由绝缘电阻值确定。烘干开始后应每隔 30 min 测量一次温度与绝缘电阻,当温度稳定后应每隔 1 h 测量一次绝缘电阻,当绝缘电阻达到 2 MΩ 以上,而且在最后 3 h 内不再变化时,可停止烘干。

应当指出,有的电动机是因为绝缘老化或绕组损坏而使绝缘降低,烘干不能使绝缘提高,这时必须更换绕组或采取其他措施。

第三节 船用电动机的故障判断

(本节内容适用于:750 kW 及以上船舶二/三管轮、未满 750 kW 及以上船舶二/三管轮)

判断故障时,首先应根据故障现象及原理图分析,确定故障在主电路还是在控制电路,是断路故障还是短路故障,然后确定故障的具体位置,并根据实际情况按先易后难的顺序逐步排除故障。

电气控制箱运行中出现的故障现象主要有:按下起动按钮电动机不转或手按时转动、手松即停,不符合控制要求;运行中未按停止按钮突然停机;或运行中出现异常。造成这些故障的原因可能是电动机本身故障,也可能是控制系统故障引起的,这里假设电动机本身无故障,而仅分析控制系统故障,主要是线路的断路、短路、元件参数整定不当等。其中尤以断路故障较多,采用电压测量法和断电查线法寻找故障点,并排除故障。

一、电动机电路故障检查

磁力起动器控制电路原理图如图 3-11 所示。

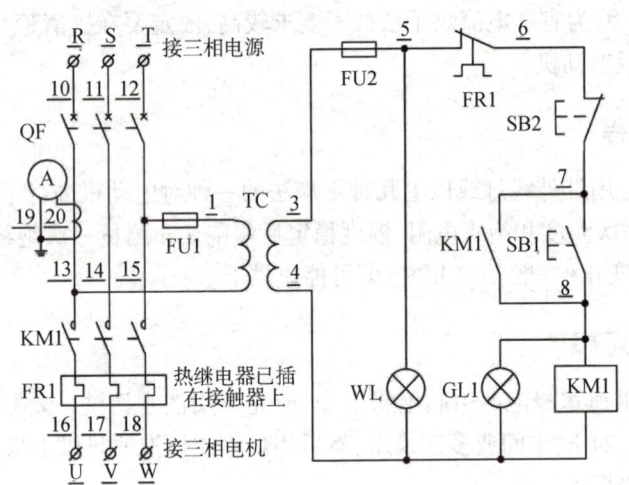

图 3-11 磁力起动器控制电路原理图

1. 根据故障现象判断故障性质和故障可能存在的环节

(1) 手动操作只能点动运行故障的可能环节

接触器 KM1 自锁触点未起作用,可能是触点未闭合或其连线断路。

（2）供电正常（电源指示灯 WL 亮），按下起动按钮，系统无反应，电动机不起动运行

原因是控制线路有故障，具体可能是：起动按钮 SB1 断路、停止按钮 SB2 断路、热继电器 FR 动作未复位或断路、接触器 KM1 线圈断路、控制线路连线断路。

（3）电动机不能起动且有嗡嗡声响

原因是单相运行，具体可能是：电源本身已缺相、断路器 QF 或接触器 KM1 主触点一相接触不良、热继电器 FR 发热元件一相烧断、主电路连线一相断路。

（4）三相电源供电正常，电源指示灯 WL 不亮，且系统无反应，电动机不能运行

原因具体可能是：变压器 TC 原边或副边断路、熔断器 FU1 或 FU2 熔体熔断、连线断路。

2. 按下起动按钮电动机不能起动故障的查找与排除

电动机不能起动故障的原因有：电动机不通电；电动机本身故障或机械卡死。

根据图 3-11 所示控制电路原理，主电路和控制电路故障都可能使电动机不能通电。

由于主电路故障引起的可能原因有：线路停电、断路器 QF 未合闸、接触器 KM1 主触点未闭合（或 KM1 衔铁卡死无法闭合）、热继电器 FR 发热元件断路、电动机定子绕组未形成 Y 形或 △ 形通路、连线断路。

由于控制电路故障引起的可能原因有：控制电路无电（变压器 TC 原边或副边断路）、熔断器 FU1 或 FU2 断开、热继电器 FR 常闭触点断路（或动作后未复位）、停止按钮 SB2 断路、起动按钮 SB1 失效合不上（按下后不能接通）、接触器 KM1 线圈断路、控制线路连线断路。

（1）主电路故障的检查与排除方法

一般来说，主电路中只有电源开关、接触器主触点、热继电器发热元件、电动机等，电路比较简单，可采用断电电阻测量法或通电电压测量法检查。检查时，首先确认电源有电、电源开关无故障，然后再检查线路。

如图 3-11 所示，采用断电电阻测量法检测，切断电源，将万用表的量程置于小量程挡，依次分别测量三相主电路路径的通断情况。若测量 R 相，将万用表一表笔固定（固定在断路器 QF 接线端子 10），另一表笔朝着电动机方向移动，从 QF 接线端子 QF（13）、接触器 KM1 接线端子 KM1（13）、接触器 KM1 下接线端子、热继电器 FR 接线端子 FR（16）、端子排接线端子 16 直到电动机定子绕组，沿着线路依次测量元件或导线电阻时，若万用表指示突变为 ∞，则移动表笔时电阻从 0 突变为 ∞ 的两点间必有断路（测量时需将断路器 QF 合闸，用手推动接触器 KM1 衔铁使主触点闭合）。同样的方法可测量 S、T 相。

检查时应注意：被检查的电路或电路中的元件不能有并联通路，否则断点处测不到 R 为 ∞，应将元件的一个端头脱离电路后再进行测量；使用万用表时，不能用手同时触及两表笔的金属部分，以免影响测量精度。

（2）控制线路故障检查与排除方法

控制线路故障检查与排除方法可采用电压测量法或电阻测量法进行，若电路稍复杂，宜优先选用电压测量法。现以图 3-11 所示电动机的控制线路为例，说明控制线路故障检查方法。

① 电压测量法

合上电源开关 QF，电源指示灯 WL 亮，说明电源供电正常。假设变压器 TC 副边电压是 AC 220 V。

确认供电正常后，按起动按钮 SB1 时，电动机不起动。且观察到接触器 KM1 不动作，可知控制回路有断路故障，具体检查并确定故障原因的步骤如下：

a.电源指示灯 WL 亮,说明变压器 TC 原、副边线圈都是好的,而且熔断器 FU2 也是好的。

b.将万用表一表笔 A 放在变压器端子 TC(4)作为基准点不动,另一表笔 B 从熔断器端子 FU2(5)开始沿控制回路检查。表笔 B 放在热继电器端子 FR1(5)时,若万用表电压读数是 220 V,则说明导线 FU2(5)~FR1(5)正常。若从端子 FU2(5)移到端子 FR1(5)时电压读数不是 220 V,则说明断点就在导线 FU2(5)~FR1(5)之间。

c.若导线 FU2(5)~FR1(5)正常,继续移动表笔 B 从端子 FR1(5)到端子 FR1(6)。若万用表电压读数是 220 V,则说明 FR1 常闭触点正常。若万用表电压读数不是 220 V,则说明 FR1 常闭触点内部断路或接线端接触不良。

d.若 FR1 常闭触点正常,继续移动表笔 B 从端子 FR1(6)到端子 SB2(6)。若万用表电压读数是 220 V,则说明导线 FR1(6)~SB2(6)正常。若万用表电压读数不是 220 V,则说明断点就在导线 FR1(6)~SB2(6)之间。

e.若导线 FR1(6)~SB2(6)正常,继续移动表笔 B 从端子 SB2(6)到端子 SB2(7)。若万用表电压读数是 220 V,则说明 SB2 常闭触点正常。若万用表电压读数不是 220 V,则说明 SB2 常闭触点内部断路或接线端接触不良。

f.若 SB2 常闭触点正常,继续移动表笔 B 从端子 SB2(7)到端子 SB1(7)。若万用表电压读数是 220 V,则说明导线 SB2(7)~SB1(7)正常。若万用表电压读数不是 220 V,则说明断点就在导线 SB2(7)~SB1(7)之间。

g.若导线 SB2(7)~SB1(7)正常,继续移动表笔 B 从端子 SB1(7)到端子 SB1(8),此时应同时按下起动按钮 SB1。若万用表电压读数是 220 V,则说明 SB1 常开触点正常。若万用表电压读数不是 220 V,则说明 SB1 常开触点内部断路或接线端接触不良。

h.若 SB1 常开触点正常,继续移动表笔 B 从端子 SB1(8)到端子 KM1(8),此时应同时按下起动按钮 SB1。若万用表电压读数是 220 V,则说明导线 SB1(8)-KM1(8)正常。若万用表电压读数不是 220 V,则说明断点就在导线 SB1(8)~KM1(8)之间。

i.经过前面的检查步骤,说明从端子 TC(3)至端子 KM1(8)的控制回路是正常的。

j.接着将万用表表笔 A 放在变压器端子 TC(3)作为基准点不动,表笔 B 从端子 TC(4)到端子 KM1(4)。若万用表电压读数是 220 V,则说明导线 TC(4)-KM1(4)正常。若万用表电压读数不是 220 V,则说明断点就在导线 TC(4)-KM1(4)之间。

k.若导线 TC(4)-KM1(4)正常,此时按下起动按钮 SB1,接触器 KM1 线圈两端电压读数必是 220 V,但接触器未动作,说明其内部线圈断路。

找到断路的元件或导线后,断开电源,可通过测电阻的方式进一步确诊故障点,并予以排除。

电压测量法是带电操作,要特别注意两点:一是不能使用万用表的电阻挡而应使用交流电压挡,而且电压表的量程必须大于所测电路的实际电压;二是要防止测量过程中发生短路和人体触电。

②电阻测量法

电阻测量法适用于比较简单的电路。测量电阻时,特别要注意在断电的情况下进行。另外,还要注意并联电阻的影响。

3.起动按钮 SB1 松开后电动机停转故障检修

从图 3-11 可以看出,造成该故障的唯一原因是并联在按钮 SB1 两端的自锁触点 KM1 失去作用。因此应检查:自锁触点 KM1 是否完好、连接导线是否松脱。如需进一步确定是触点故障还是导线故障,可采用电阻测量法或电压测量法。

(1)电阻测量法:断路器 QF 断开,用万用表小量程挡分别测量导线 SB1(7)~KM1(7)、导线 SB1(8)~KM1(8)电阻,若电阻为 0 则正常,否则就是导线断线或松脱。测量辅助触点 KM1 两端电阻时,手动按下接触器衔铁,若电阻值仍为∞,则自锁触点断路。

(2)带电检查:断路器 QF 合上,用万用表电压挡测端点 TC(4)、KM1(7)之间电压,若读数不是 220 V,则导线 SB1(7)~KM1(7)断线或松脱。用万用表电压挡测端点 TC(3)、KM1(8)之间电压,若读数不是 220 V,则导线 SB1(8)~KM1(8)断线或松脱。若导线均正常,则必是自锁触点 KM1 断路故障。

4.电动机运行中突停故障的检修

首先检查电动机是否有发热过载迹象,检查控制箱内部是否有异常现象,检查是否由于 FR1 动作而导致电动机运行中突停故障的出现。在电动机过热、过载情况下,FR1 动作是正常保护,这种情况下,应减小负载(或机械有卡阻、轴承损坏等,应及时排除);若电动机不发热、没有过载,则 FR1 动作属不正常,应调整 FR1 的整定值(或 FR1 本身已损坏,需更换);如果 FR1 没有动作,而电动机运行中突停,可能是由电路中有突然断路引起,则按上述"不能起动故障"进行排查检修。

5.起动后,起动箱噪声大的故障检修

起动箱噪声,主要是由交流接触器 KM1 产生的,应检修交流接触器。

二、电动机故障原因分析

电动机经过长期运行,难免会出现各种故障。电动机管理人员应能根据电动机的故障,分析其产生原因,并采用恰当的方法排除故障。

故障现象 1:三相异步电动机不能起动

可能原因:

(1)电源开关合闸后,按下起动按钮后系统没有任何反应

①电源异常或缺相。

②空气开关、连接线路等有断路。

③控制线路有故障(变压器、熔断器、起停按钮、接触器线圈、热继电器常闭触点及连线等异常)。

(2)电源开关合闸后,按下起动按钮后控制电路正常,但电动机不能起动

①主电路缺相

三相电源缺相。

空气开关、接触器主触点、热继电器发热元件、主电路连线等有断路。

②电动机本身问题

定子绕组有短路或断路故障。

轴承或转子被卡住(有嗡嗡声)。

③负载过重或设备本身卡住。

故障现象2：三相异步电动机起动后转速低且显得无力

可能原因：

(1)电源电压低。

(2)电动机单相运行,勉强起动后过载。

(3)定子绕组三角形接法误接成星形。

(4)鼠笼式转子导条或端环断裂或开焊。

(5)负载过重。

故障现象3：三相异步电动机运行中温升过高

可能原因：

(1)负载过大,且过载保护装置失灵。

(2)电源电压过高或过低。

(3)定子绕组有短路或接地。

(4)重载下单相运行。

(5)定子三相绕组接错。

(6)散热有故障(散热片太脏或油漆太厚等)。

(7)环境温度过高。

(8)机械方面故障。如定转子相擦、轴承损坏、风扇故障等

故障现象4：三相异步电动机运行时噪声过大

可能原因：

(1)电动机单相运行。

(2)定子三相绕组接错。

(3)定、转子相擦。

(4)轴承损坏或严重缺少润滑脂。

(5)风扇碰壳。

(6)地脚螺丝松动,振动过大。

故障现象5：三相异步电动机运行时振动过大

可能原因：

(1)单相运行。

(2)三相电源电压不平衡。

(3)转轴弯曲变形。

(4)机组安装对中不良。

(5)地脚螺钉松动。

故障现象6：三相异步电动机轴承过热

可能原因：

(1)轴承磨损严重或损坏。

(2)润滑脂过多、过少或变质。

(3)转轴弯曲变形。

(4)电动机端盖或轴承安装不良。

(5)联轴器安装不良。

(6)轴承走内圈或走外圈。

第四节　船用电动机的接线

(本节内容适用于:750 kW 及以上船舶二/三管轮,未满 750 kW 及以上船舶二/三管轮)

目前,在船舶电动机的起动控制箱中,常见的多数是采用传统的继电接触器控制,比较典型的电动机起动控制主要有单向自锁连续控制、正反转控制、星三角降压起动控制等。图 3-12 是单向自锁连续控制电路图,图 3-13 是电动机正反转起动控制原理图,图 3-14 是电动机星-三角形降压起动控制原理图。这三种电动机控制箱的装配工艺基本相同,下面以电动机单向自锁连续控制箱为例,叙述其装配和调试。

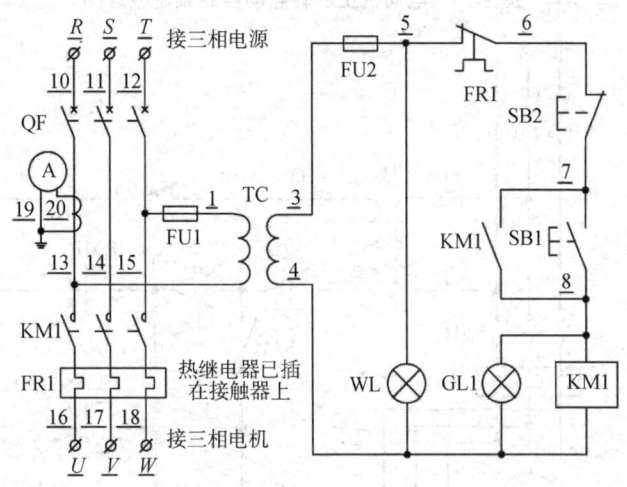

图 3-12　单向自锁连续控制电路图

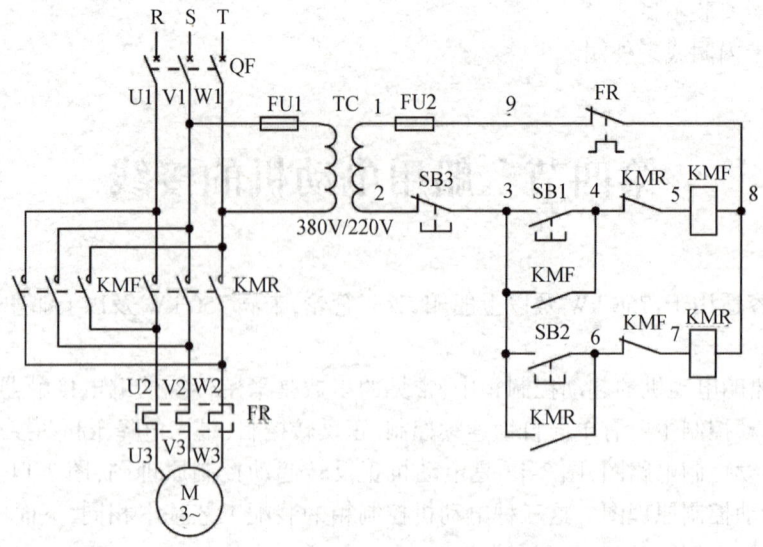

图 3-13 电动机正反转起动控制系统原理图

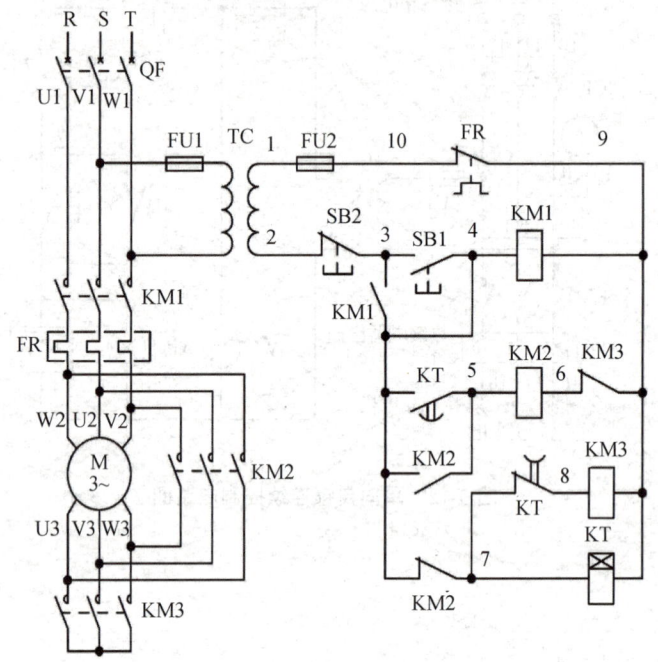

图 3-14 电动机星-三角形降压起动控制系统原理图

一、电气元件的选择

电气元件的选择应遵循的原则是,根据所装配的控制线路对控制功能的要求和工作环境确定元件的类型;根据电动机的电压、功率的大小确定元件的规格。

1.电源开关的选择

电源开关的选用主要是使选择的额定电压值、额定电流值、开关的形式、极数等都必须满足要求。

2.接触器的选择

①接触器类型的选用。根据被控制电动机或负载电流的类型选择相应的接触器类型,即交流负载应选用交流接触器,直流负载应选用直流接触器。
②接触器主触点的额定电压大于等于负载回路的额定电压。
③接触器主触点的额定电流大于等于电动机的额定电流。
④接触器线圈的额定电压等于控制回路电压。
⑤如果接触器使用在频繁起动、制动和频繁可逆的场合时,一般可选用大一个电流等级的交流接触器。

3.热继电器的选择

①热继电器的额定电压大于等于电动机的额定电压。
②热继电器的额定电流大于等于电动机的额定电流。
③在结构形式上,一般都选三相结构以实现缺相保护。

4.熔断器的选择

熔断器选用时应根据使用环境和负载性质选择适合类型的熔断器。熔断器的额定电压必须大于或等于线路的额定电压;熔断器的额定电流必须大于或等于所装熔体的额定电流;熔断器的分断能力应大于电路中可能出现的最大短路电流;熔体的额定电流应根据负载情况,按以下原则选用:

①照明、电热器等电流平稳线路,熔体的额定电流等于或稍大于负载的额定电流。
②对一台不经常起动的电动机,熔体的额定电流大于或等于 1.5~2.5 倍电动机的额定电流。

目前的船用电气控制箱中,熔断器主要用于控制电路的短路保护。

5.按钮的选择

按钮可根据下列要求进行选用:
①根据使用场合选择按钮的种类,如开启式、保护式和防水式等。
②根据用途选用合适的形式,如一般式、旋钮式和紧急式等。
③根据控制回路的需要确定不同的按钮数,如单联钮、双联钮和三联钮等。
④按工作状态指示和工作情况要求选择按钮和指示灯的颜色,一般起动按钮为绿色,停止按钮为红色。

6.控制变压器的选用

控制变压器用来隔离主电路和控制电路并降低控制电路的电压,以满足一些电气元件的电压要求,保证控制电路安全可靠的工作。其选用原则是:
①控制变压器原副边电压应符合交流电源电压、控制电路电流和控制电路电压的要求。
②保证接在变压器副边的交流电磁器件工作时可靠地吸合。
③电路正常运行时,变压器的温升不应超过允许值。

7. 指示灯的选用

根据电源电压、灯泡功率、灯头形式、灯罩颜色确定所用的指示灯。

8. 接线排的选用

根据连接线路额定电压、额定电流和接线形式选择接线板的形式与数量。

9. 导线的选用

①主电路导线

主电路即流过电动机的工作电流,实际中应按电动机的额定电流来选择。

导线长度确定及处理:根据布线来确定主电路各导线的长度,并用剥皮钳将两端绝缘皮剥去备用(注意端头长度要合适)。

②控制电路导线

控制电路导线一般不会超过 5 A,要比主电路导线细得多。

导线长度确定及处理:与主电路一样,根据电器位置,要求按布线来确定各导线的长度,特别注意与起、停按钮连线长度的确定,之后用剥线钳将两端绝缘皮剥去备用(注意端头长度要合适)。

主、辅电路一般应采用不同颜色的导线以示区别。

二、电气元件安装

目前大多数电器、端子排采用导轨安装,只需先在底板固定好导轨,然后将电器安装在导轨上即可。其他不能导轨安装的电器及线槽,可以钻孔及攻丝后用螺钉安装固定;根据图纸在每个电器下方粘贴文字符号。

总体要求,各元件的安装位置应整齐、匀称,间距合理,便于元件的更换;紧固各元件时要用力匀称,紧固程度适当,做到既要使元件安装牢固,又不使其损坏。

具体要求:

(1)电源开关的安装

①开关安装时应做到垂直安装,使合闸操作时的手柄操作方向从下向上。不允许采用平装或倒装的形式,以防止产生误合闸。

②接线时,电源进线应接在开关上面的进线端上,用电设备应接在开关下面的出线端上。

(2)组合开关的安装

①组合开关应安装在控制箱(或壳体)内,其操作手柄应伸出在控制箱的前面或侧面,应使手柄旋转在水平时为断开状态。

②若需在箱内操作,组合开关最好装在箱内右上方,它的上方最好不安装其他电器;否则,应采用隔离或绝缘措施。

(3)熔断器的安装

①瓷插式熔断器应垂直安装;螺旋式熔断器的电源进线应接在瓷底座的下接线端上,用电负载线接在螺纹壳的上接线端上,这样在更换熔管时,旋出螺帽后螺纹壳上不带电,保证了操作者的安全。

②熔断器应串联在电路中。

③熔断器仅作短路保护使用时,应安装在控制开关的出线端。
④安装时防止损伤熔体。

(4)交流接触器的安装

①交流接触器一般应安装在垂直面上,倾斜度不得超过5°;若有散热孔,则应将其放在垂直方向上,以利散热,并按规定留有适当的飞弧空间,以免飞弧烧坏相邻电器。

②安装和接线时,注意不要将零件失落或掉入接触器内部。安装孔的螺钉应装有弹簧垫圈和平垫圈并拧紧螺钉以防振动松脱。

三、线路连接

1.控制箱接线规则及注意事项

按原理图进行布线和套线号管。

①布线通道尽可能少,同时并行导线按主电路、控制电路分类集中,单层密排,紧贴安装面布线。

②同一平面的导线应高低一致或前后一致,不能交叉。

③布线应横平竖直,分布均匀。变换走向时应垂直。

④布线时严禁损伤线芯和导线绝缘。

⑤布线顺序一般以接触器为中心,由里向外,由低至高,先主电路,后控制电路,以不妨碍后续布线为原则。

⑥在每根剥去绝缘层导线的两端套上线号管,压好接线鼻子。所有从一个接线端子(或接线端)到另一个接线端子(或接线端)的导线必须连续,中间无接头。

⑦导线与接线端子(或接线端)连接时,不得压绝缘层、反圈、露铜过长。

⑧一个电气元件的接线端子上的连接导线不得多于两根,每节接线端子板上的连接导线一般只允许连接一根。

⑨连续控制的自锁触点回路一般最后接线。

⑩线路连接完毕,整理走线,盖上线槽盖板。

2.导线的标记、导线端头的制作和导线芯线的接入

(1)导线的标记

每根导线的两个端头处应有与图纸相对应的标记(线号),以便于控制箱故障的检查与维修。线号应清晰、整齐、耐久而不褪色,通常选用与导线绝缘层外径相符的白色塑料套管(或PVC套管、热缩管)切割而成,上面的字符可用线号机打印或用特种墨水手写,图3-15是某型号线号管打印机。控制箱内每根导线的线号管应紧靠接线端子一侧排列整齐。

线号管的套取是有一定方向的,图3-16是线号管的文字视读方向图。线号管在不同角度方向时,文字方向视所在相位角而定:

①当线号管置于垂直方向或置于接线端子的上下方向时,文字方向从下至上读字。

②当线号管置于水平方向或置于接线端子的左右两侧时,文字方向从左至右读字。

③当线号管方向在第1、3象限时,文字方向从下至上读字。

④当线号管方向在第2、4象限时,文字方向从上至下读字。

图 3-15　线号管打印机

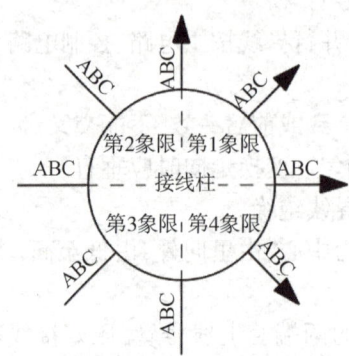

图 3-16　线号管的文字视读方向图

(2) 导线端头的制作

导线端头的制作要保证连接牢固,可以多次拆卸而不会损坏。目前,船用电气控制箱内导线端头的处理,广泛采用的是在导线的芯线端头上压接冷压铜接头(俗称线鼻子)的工艺方法,图 3-17 是在船用电气控制箱中常用的导线端头型式。导线端头的制作主要分剥线与压线两个步骤。

图 3-17　常用的导线端头型式

①剥线

根据导线线径的不同,通常使用剥线钳、斜口钳、钢丝钳或电工刀进行操作,不同的操作工具,具体的剥线方法也有所不同。在船用电气控制箱中的控制导线一般使用剥线钳进行剥线。图 3-18 是剥线钳的使用示范图。

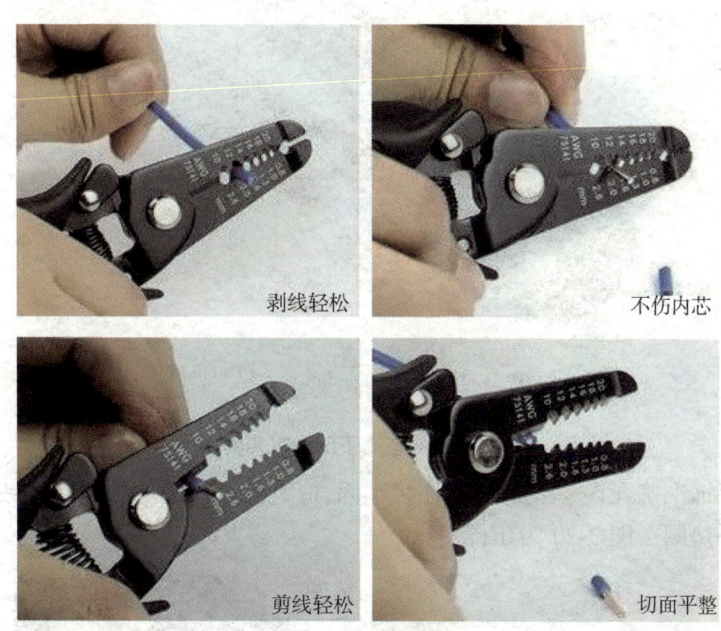

图 3-18　剥线钳的使用示范图

导线绝缘层的切割长度应长于冷压接头(线鼻子)深度 2~3 mm。剥线太短会使绝缘层锁在接线端子上,造成接触不良;剥线太长铜芯会裸露影响美观且容易造成碰撞短路。导线的绝缘层的切割不得损伤芯线,且切口应平整,将准备好的导线放置在剥线工具的刀刃中间,选择好要剥线的线径,握住剥线钳手柄,将导线夹住,缓缓用力使导线绝缘层慢慢剥落,最后松开工具手柄,取出导线,这时芯线整齐露在外面,其余绝缘层完好无损。

要注意的是:剥线前要先套好线号管。

②压线

选择合适的冷压接头(线鼻子),所有冷压接头必须用专用工具或模具进行压接,且应保证压接质量。

图 3-19 是管型端子压线钳实物图,下面以芯线端头采用管型端子为例说明其详细压接步骤。

步骤 1:将剥好的导线插入冷压接头。

步骤 2:左手拿导线放入卡钳,右手紧握压线钳,左手往压线钳一侧推,右手握压线钳用力压紧。

步骤 3:压紧压线钳至自动弹开。

步骤 4:取出导线,完成压接。铜接头压紧后应用手拉一下来检查其松紧情况。

(3)导线芯线的接入

①在导线端头制作后,即可按图纸将之正确地接至控制箱内的接线端或端子排上。

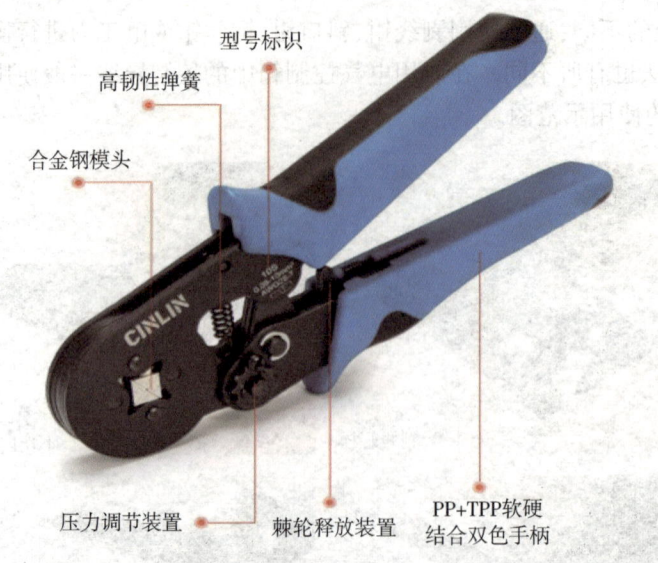

图 3-19 管型端子压线钳实物图

②接线应保证准确无误、接触良好、连接牢固,应有防止松脱的弹簧垫圈或锁紧螺母,接头的两侧均应有平垫圈。图 3-20 为压接步骤。

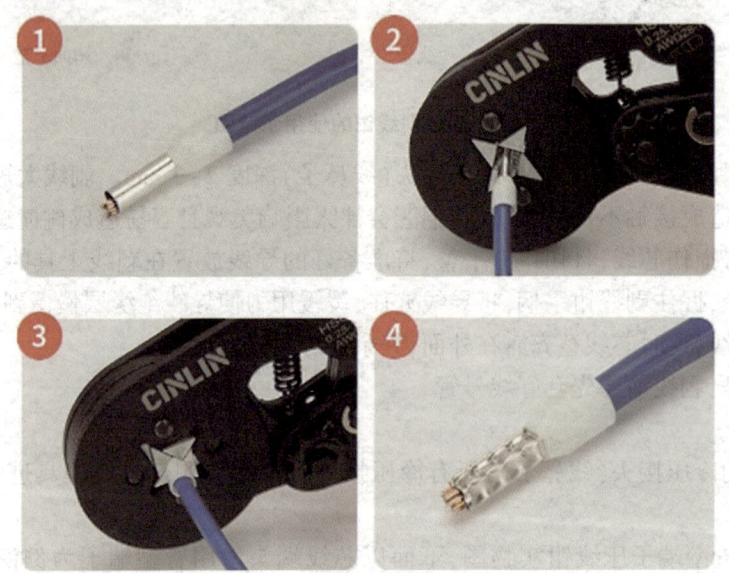

图 3-20 压接步骤

四、通电调试

船用电气控制箱新安装正式使用前,应进行试车前的验收检查。

1.正式通电前检查

检查起动箱是否符合要求,起动箱的型号、容量与配套的电动机应一致;检查起动箱内外应完好无损,无油垢污物。

检查控制箱内部接线应与图纸相符,检查控制箱外接的各种电器接线是否正确。检查控制箱和电动机接地线是否正常。

重点检查断路器、热继电器、熔断器、接触器主触点的电流容量是否符合要求;仔细检查接触器动作是否灵活,若接触器衔铁受阻不能很好吸合,会造成线圈电流过大而烧坏线圈;用 500 V 兆欧表测量起动箱导电部分的绝缘电阻,其阻值不得低于 2 MΩ。

检查机械部分、联轴器应转动灵活,无卡住、过紧或时松时紧的现象。此外还要根据拖动机械的要求,确定管路中各阀门的开启与关闭,以使电动机尽可能在空载或轻载下起动。

通电前,用万用表检查主电路和控制电路是否有短路(注意变压器、电动机定子绕组的电阻因素)。

2.调试步骤

①电动机转向检查

电动机的转动方向应符合被拖动机械的要求,如果被拖动机械允许反转,可按起动按钮起动电动机,然后立即按停止按钮,观察其转向是否正确,如果转向不正确,应任意调换电动机三相输入端的两根导线;如果被拖动机械不允许反转,必须脱开联轴器,起动电动机,确认转向正确后,再装好联轴器。

②起动电流及工作电流检查

起动电动机,观察起动过程,用钳形电流表检测起动电流,注意其量程应在额定电流的 6 倍以上。电动机起动后,检测三相电流是否平衡。

③负载试验

使电动机带上额定负载进行起动,观察起动过程,测量额定负载下电动机的电流,以及运行情况。在必要时,进行热继电器整定值的调整,并做好记录。

④绝缘电阻测量

在电动机未起动前,测量冷态绝缘电阻值,电动机正常额定运行 2 h 后,断电测量热态绝缘电阻,记录各数据。

⑤控制箱内部电器检查

起动时应检查接触器有无噪声,若噪声很大,应检查铁芯贴合面是否清洁、短路环是否断裂和脱落。检查起动箱内各电器线圈发热情况、触点闭合情况等。

第五节　评估练习题(船用电动机的管理与维护)

- **评估练习题 16**:船用电动机的维护和保养,工作之前的准备(★TE)

评价标准:

①解体之前做好标记和有关参数的测量,包括工作电流、绝缘电阻等;

②选用恰当的工具(如拉马、铜棒、橡胶锤等);

③断电拆除电动机电源线,做好标记;

④选用合适工作场地。

- **评估练习题 17：熟练解体交流电动机（★TE）**

评估要素：拆卸时，不得损坏机械和电气部分的结构部件；取转子时，不得碰上定子绕组，不得用铁锤等硬金属敲打轴承、端盖等；需敲打时，应该用软金属棒或木棒垫着均匀敲打，不得将异物或零件遗忘在电动机内部。

评价标准：
①卸除电动机联轴器；
②卸下风罩、风叶；
③卸下前轴承前盖，卸下前端盖螺丝；
④利用铜棒敲松前端盖，取下端盖；
⑤卸下后轴承前盖，卸下后端盖螺丝，敲松后端盖；
⑥抽出转子，拆下后端盖；
⑦大型电动机抽出转子须放在架子上。

- **评估练习题 18：熟练装配交流电动机（★TE）**

评估要素：装配时，不得损坏机械和电气部分的结构部件；装配转子时，不得碰上定子绕组，不得用铁锤等硬金属敲打轴承、端盖等；需敲打时，应该用软金属棒或木棒垫着均匀敲打，不得将异物或零件遗忘在电动机内部。

评价标准：
①轴承测试，需要时拉出更换轴承；
②套上后端盖并装好后轴承盖；
③转子小心插入定子腔内后套上前端盖，确保不能碰触定子绕组，拧上端盖螺丝；
④装上前轴承端盖，紧固端盖螺丝，盘动转子；
⑤装上风叶与风罩；
⑥装上联轴器；
⑦按标记安装后，确保电动机转动灵活。

- **评估练习题 19：清洁电动机、检查零部件，必要时添加轴承润滑脂（★TE）**

评价标准：
①清洁电动机外壳；
②采用电器清洗液刷洗电枢绕组；
③采用正确方法更换轴承；
④正确添加轴承润滑脂；
⑤检查定子绕组；
⑥检查转子绕组（或鼠笼条）；
⑦检查转子轴颈；
⑧检查端盖轴承孔：如出现走外圆，需说明处理方法。

- **评估练习题 20：正确处理受潮、绕组绝缘值降低的电动机（★TE）**

评价标准：
①说明电动机清洗的方法；
②说明灯泡干燥法、电流干燥法、热风干燥法、烘箱干燥法、铁损干燥法；
③说明干燥电动机的过程；

④说明采用不同烘潮方法的注意要点；

⑤处理后绝缘的测量。

- **评估练习题 21**：三相异步电动机不能起动故障的可能原因判断（★TE）

评价标准：

①三相电源未接通（开关、熔丝、电动机接线等有断路）；

②控制线路有故障；

③定子绕组有短路；

④定子绕组一相或两相断路；

⑤轴承或转子卡住。

- **评估练习题 22**：三相异步电动机起动后转速低且显得无力故障的可能原因的判断

评价标准：

①电源电压过低；

②负载过重；

③单相运行，勉强起动后过载；

④定子绕组应接△形而错接成 Y 形；

⑤鼠笼式转子导条或端环断裂或开焊。

- **评估练习题 23**：三相异步电动机温升过高故障的可能原因的判断（★TE）

评价标准：

①负载过重，且保护装置失灵；

②电源电压偏离额定值；

③定子绕组有匝间短路或接地；

④重载下单相运行；

⑤电动机机械方面不灵活，空载损耗大；

⑥散热有障碍；

⑦环境温度过高。

- **评估练习题 24**：三相异步电动机运行时振动过大故障的可能原因的判断（★TE）

评价标准：

①单相运行；

②定子绕组检修后引出线接错；

③转子安装轴线不准；

④轴承损坏或严重缺少润滑脂；

⑤风扇叶碰壳；

⑥地脚螺丝松引起振动过大。

- **评估练习题 25**：三相异步电动机轴承过热故障的可能原因的判断（★TE）

评价标准：

①轴承磨损严重或损坏；

②润滑脂过多、过少或变质；

③电动机端盖或轴承安装不良；

④联轴器安装不良；

⑤转轴弯曲变形。
- **评估练习题 26**：按图连接三相异步电动机直接起动控制电路（★TE）

评估要素：根据起、保、停控制电路，正确安装、连接、调试。

评价标准：

①三相异步电动机直接起动控制电路的工具和材料准备；

②正确选用控制电路所需的电气元器件；

③按图纸要求，完成起动控制箱控制回路的接线；

④通电前测试是否有短路、漏电，确认是否与图纸要求一致，并解决调试中发生的故障；

⑤完成接线安装后，必须经评估员同意方可通电调试；

⑥经评估员确认，通电试验，调试验收后，完成收尾工作。

- **评估练习题 27**：按图连接三相异步电动机星-三角降压起动控制电路

评估要素：正确安装、连接、调试。

评价标准：

①三相异步电动机星-三角降压起动控制电路的工具和材料准备；

②正确选用控制电路所需的电气元器件；

③按图纸要求，完成起动控制箱控制回路的接线；

④通电前测试是否有短路、漏电，确认是否与图纸要求一致，并解决调试中发生的故障；

⑤完成接线安装后，必须经评估员同意方可通电调试；

⑥经评估员确认，通电试验，调试验收后，完成收尾工作。

第四章

船用照明设备的维护

船舶照明系统包括正常照明、应急照明、小应急照明系统和航行信号灯系统。其主要设备包括：舱室照明灯、舱面工作照明灯和强光照明灯、探照灯、航行信号灯以及低压行灯等；此外一般还包括电风扇、小容量电动机、电热器以及舱内通信系统的一些报警装置。这些设备都由照明系统供电。

本章主要介绍：安装与检修船用灯具，常见灯具的检修。

第一节　安装与检修船用灯具

(本节内容适用于：750 kW 及以上船舶二/三管轮，未满 750 kW 及以上船舶二/三管轮)

一、船舶常用灯具的分类

灯具即照明器，是由电光源、灯壳、灯罩及其附件等组成。其主要功能是：分配光源的光通，避免对眼睛的直接眩光，防止光源的污染和侵害，保护光源不受机械损伤等。有些舱室的照明器还有装饰和美化环境的作用。

1. 船用灯具防护结构类型

船用灯具要符合船用条件，其外部壳罩的防护结构也是按统一的国际防护标准(IP)分级。根据使用环境条件的不同，其防护等级大致可分为以下三种类型：

①保护型：有透光灯罩可以防尘，也避免直接触及带电部分，多用于比较干燥的居住、小公舱室和内走道等处所。

②防水型：光源被透光灯罩等密闭起来，灯体与灯罩之间有密封垫圈。这类灯具的防护结构基本相同，但其防护级别不同，有防滴、防溅、防水蒸气、防喷水和防海浪冲击等，用于潮湿和有蒸汽、水侵害的场所。

防水型又分为防溅型和防水型两类。防溅型用于有水飞溅的场所,如船首尾的露天甲板、主甲板、游步甲板的外走廊等处;防水型用于不仅有水飞溅,而且有滴水、凝水的场所,如机舱、货舱、冷藏舱、厨房、浴室、厕所、盥洗室、修理间、储藏室、航行信号灯、露天甲板和外走廊等处。

容易受到机械损伤处所的防水型照明器,不仅有坚固的金属壳体和透明灯罩,而且灯罩外还有坚固的金属护栅,如图4-1所示。

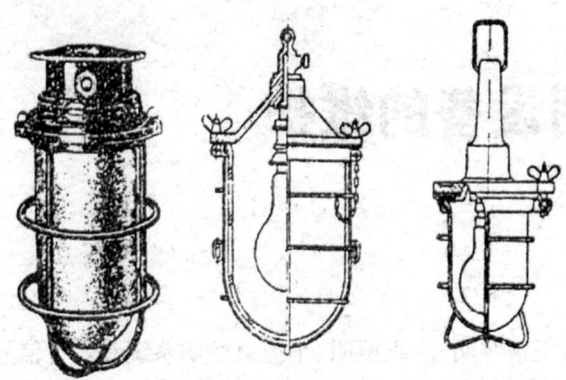

图4-1 有金属护栅的防水白炽灯具

③防爆型:一种是隔爆型结构,即透明灯罩与灯座间用法兰连接,法兰间有隔爆间隙,气体在灯内发生爆炸时,由间隙外逸的气体经法兰隔爆面的充分冷却,不会引起外部混合气体的爆炸。坚固的壳体和灯罩能承受住内部爆炸压力,而不致损坏。隔爆型气体放电灯的镇流器安装在防爆接线盒内。另一种是密闭安全型,正常运行时,不产生火花、电弧,灯具外表面温度不会引起爆炸。防爆灯用于在正常条件下可能存在可燃性粉尘或爆炸性气体的场所,如煤舱、油柜舱、蓄电池室、油灯间、油船的泵舱及舱面空间等处。

2.船用灯具的用途

船用灯具按用途分为:

①舱室照明灯具:吸顶灯、棚顶灯、防爆灯、LED灯等。两管或三管荧光棚顶灯,有透明或膜砂的有机玻璃罩,内附24 V、15 W应急白炽灯座,一般是钢底壳防水型,用于机舱和外走道照明。

②航行信号灯:左右舷灯、桅灯、艉灯、桅顶灯、三色灯、锚灯、应急灯、艇用灯。

③局部照明灯具:床头灯、壁灯、台灯、海图灯、医疗灯、水位灯等。

④挂灯及手提灯:有220 V、110 V、24 V挂灯,24 V手提灯等作临时悬挂照明用。大功率挂灯是防水型、外装保护网,220 V、200 W,用于甲板码头和机舱公用照明。

手提灯为防水型、塑料外壳、玻璃罩外有金属网,24 V、15 W~40 W,供检修等临时场地照明。低压手提灯由行灯变压器提供36 V以下的安全电压。

⑤投光灯和探照灯:投光灯用于露天甲板照明,探照灯用于夜航和远距离搜索。

远洋船舶在驾驶室顶上安装1~2盏信号探照灯,安装在船的中前或左右舷前方,功率一般为1 000 W,使用低压电源时功率为150~300 W;货船每一货舱口上方的货桅上装2盏或4盏300~500 W的投光灯;每一救生艇吊架两旁安装1~2盏300 W的投光灯,并能摇向舷外,以便照射水面;舷梯旁上空装有一盏300 W投光灯;驾驶甲板或罗经平台装1~2盏300 W投光灯照射烟囱标志等。

夜航苏伊士运河所用探照灯称为苏伊士运河灯,安装在船舶的纵中线处,并能水平和垂直操作。苏伊士运河灯的性能和结构特点是:

①能照清1 500 m前方锥形浮标的反射带。

②反射镜分成两半瓣,合并起来(零位)产生单束反射光;水平方向分开产生两束光,左右光柱各为5°,中央暗带在0°~10°范围可调。

③探照灯内有双灯座,互为备用,通过旋转手柄可使任一灯泡转到反射镜的焦点上。

④灯泡或灯管的功率为2 000 W,超过30 000总吨的船舶为3 000 W。

二、电光源

常用的电光源分为热辐射光源和气体放电光源两大类。白炽灯、卤钨灯等属于热辐射光源,荧光灯、高压汞灯、高压钠灯、金属卤化灯和汞氙灯等属于气体放电光源。下面主要介绍白炽灯和荧光灯。

1.白炽灯

白炽灯是将灯丝通电加热到白炽状态,利用热辐射发出可见光的电光源。图4-2是某型号白炽灯实物图。

图4-2 某型号白炽灯实物图

白炽灯结构简单,使用灵活,能瞬时点燃、无频闪、可调光、价格便宜。但由于热灯丝蒸发出来的钨附着于温度较低的灯泡内壁,使灯泡逐渐黑化,光通减少,光效变低,同时使丝变细,寿命缩短,且耐振性差。其寿命和光通量受电压波动影响较大,电压升高5%,寿命缩短25%;电压降低5%,光通减少18%。

船用白炽灯的特点:灯丝稍粗,且其支撑加固,有较高的机械强度和耐振性。除作为普通照明光源外,船舶航行灯、信号灯和应急照明灯都只采用白炽灯,因为它不会因电压降低而熄灭。航行灯一般用插口(C型)灯头,大功率白炽灯都用螺口(E型)灯头,以增大导电接触面积。

2.荧光灯(俗称日光灯)

日光灯是一种预热式低压汞蒸气放电灯。灯管抽空后充入少量的氩气和汞,灯管内壁涂有荧光物质,管内两端灯丝上涂有发射电子的阴极物质。灯管的型号、形状和功率不同,所要求的启动电压、工作电压和工作电流不同,因此与其配套的镇流器和启辉器也不尽相同。图4-3是日光灯采用(a)电感镇流器和采用(b)电子镇流器的一般接入电路。

日光灯具有表面亮度低、表面温度低、光效高、寿命长、显色性较好、光通分布均匀等优点,广泛应用于精细工作或长时间从事紧张视力工作的场所,但不适于频繁开关的场所。频繁开关会加速阴极物质消耗,使寿命大为缩短。电源电压的波动对日光灯的光通影响不大,但电压过低会产生跳光现象,这相当于频繁点燃,会缩短其使用寿命。此外,电压大幅度跌落,也会导致日光灯熄灭。

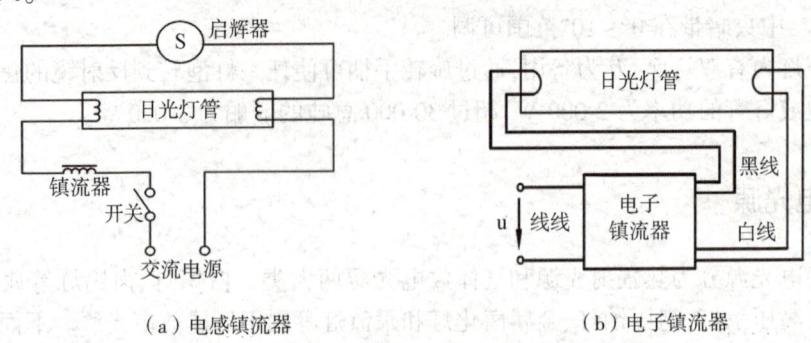

(a) 电感镇流器　　　　　　(b) 电子镇流器

图 4-3　日光灯的接线图

(1) 日光灯基本组成

图 4-4 是日光灯的组成结构图,主要由日光灯管、镇流器、启辉器三部分组成。

日光灯管:灯管内充有微量的氩和稀薄的汞蒸气,灯管内壁上涂有荧光粉,两个灯丝之间加上高电压时,使汞蒸气导电发出紫外线,荧光粉受到紫外线照射发出柔和的可见光。

镇流器:与日光灯管串联,镇流器实际上是绕在硅钢片铁芯上的电感线圈,其感抗值很大。镇流器的作用是启动时,产生足够的自感电动势(达 400~500 V),使灯管容易放电点燃;正常工作时,限制灯管的电流。镇流器一般有两个出线头,但有些镇流器为了在电压不足时容易起燃,就多绕了一个线圈,因此也有四个出线头的镇流器。

启辉器:俗称跳泡,是一个小型的辉光管,在小玻璃管内充有氖气,并装有两个电极。其中一个电极是用膨胀系数不同的两种金属组成(通常称双金属片),冷态时两电极分离,电源电压可使两电极间产生辉光放电,双金属 U 形电极受热变形而弯曲,使两个电极自动闭合。内部电容的作用是防止动、静片分离时产生火花,烧毁触点。启辉器相当于一个简单的自动开关,可用普通开关或短绝缘导线代替。启辉器正常工作时不起作用,可以去掉。

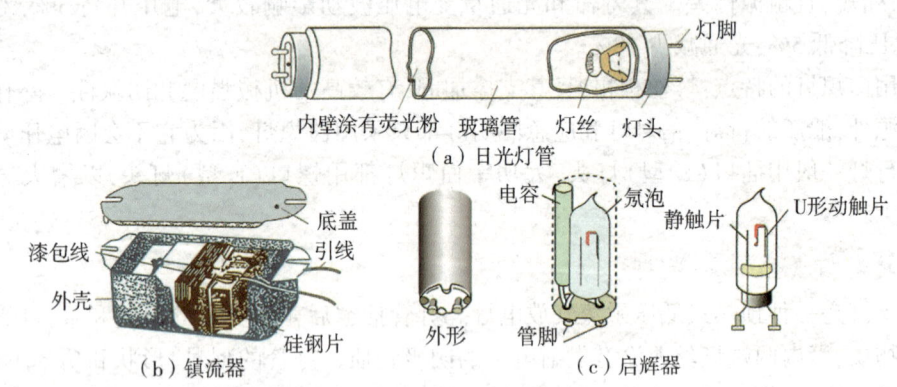

图 4-4　日光灯的组成结构图

(2) 基本工作原理

日光灯的点燃过程：

① 如图 4-3(a) 所示，闭合电源开关，电压加在启辉器两极间，氖气放电发出辉光，产生的热量使 U 形动触片膨胀伸长，跟静触片接触使电路接通，灯丝和镇流器中有电流通过。

② 电路接通后，启辉器中的氖气停止放电，U 形片冷却收缩，两个触片分离，电路自动断开。

③ 在电路突然断开的瞬间，由于镇流器电流急剧减小，会产生很高的自感电动势，方向与电源电动势方向相同。这个自感电动势与电源电压加在一起，形成一个瞬时高压，加在灯丝两端，灯管内气体开始放电，于是日光灯管成为电流的通路开始发光。

日光灯正常发光：

日光灯开始发光后，由于交变电流通过镇流器线圈，线圈中会产生自感电动势，它总是阻碍电流变化的。这时的镇流器起着降压限流的作用（此时灯丝两端电压约为 100 V，此电压应低于启辉器的启辉电压，否则日光灯正常工作时，启辉器还会辉光放电），保证日光灯正常发光。并联在灯管两端的启辉器，也因电压降低而不能放电，其触片保持断开状态。

三、日光灯灯具安装

1. 熟悉日光灯线路原理。

2. 弄清原理图中符号与电器实物的对应关系。

3. 电器及元件的检查

用万用表检查日光灯管、镇流器、开关是否正常。

4. 合理布置各电器的安装位置并安装固定。

5. 接线

(1) 导线长度确定及处理。根据电器位置布线来确定各导线的长度，并用剥线钳将两端绝缘层剥去备用（注意端头长度要合适）。

(2) 用已备好的导线按原理图进行接线，注意导体部分不要露出线孔外，螺丝的上紧度应合适。

6. 线路检查

(1) 接线、外观检查

对照原理图，检查是否有错接、漏接。

(2) 不通电检查

将万用表置于欧姆挡（$R \times 1\ \Omega$ 或 $R \times 10\ \Omega$ 挡）并调零。检查启辉器两脚是否分别与进线两端相通，注意开关的状态和镇流器的接线。

(3) 通电试验

接入电源，合上开关，日光灯能否正常点燃。

第二节　常见灯具的检修

（本节内容适用于：750 kW 及以上船舶二/三管轮、未满 750 kW 及以上船舶二/三管轮）

一、白炽灯灯具的检修

白炽灯灯具维护或发生故障时可从以下方面进行检查：
(1) 检查灯头进线处：查看进线有否破损而发生接线碰壳。
(2) 检查灯头连接线：查看灯头芯线是否碰壳、接线螺丝是否碰壳、连接线绝缘破损而碰壳。
(3) 检查灯头里的舌片是否歪到一边造成短路。
(4) 查看灯头上的连接线是否碰在一起造成短路。
(5) 对于室外灯具还应检查水密状况。
查看灯座及玻璃罩是否有破损，进出线处的水密是否良好，灯座及玻璃罩连接处的水密橡皮是否良好。

二、白炽灯常见故障、原因及排除方法

1. 灯泡不发光

故障原因及排除方法：
(1) 灯丝断裂
用肉眼直接观察灯丝是否断裂。直接更换灯泡。
(2) 灯座接触不良
用万用表的欧姆挡检测。将灯泡拧到螺口灯座上，将表笔接触灯座的两个触点：指针偏转，说明接触良好；反之，说明接触不好。修理时，刮去簧片上的铜绿、污垢，撬动灯座簧片，使其弹力增大。无法修复时应更换。
(3) 开关接触不良
断电时，用万用表的欧姆挡检测。将两表笔接触开关触头，当开关通、断时，指针摆动明显，说明开关正常；反之，说明接触不良。开关接触不良，多是因为使用过久，弹簧疲劳或失效，动作后不能复位。可以通过调整弹簧挂钩位置，以增强弹簧弹力，如仍不行，就更换弹簧或者开关。另一原因是动、静触头开距增大，动触头到位后，不能与静触头接触，可通过调整静触头位置解决。如果是动、静触头被电弧烧蚀，轻则可用砂纸擦净氧化物和毛刺，重则应更换。还有少数情况是复位弹簧脱钩离位而失去控制，只要使复位弹簧到位即可。
(4) 线路开路
检查：若线路有电，接通开关时，用万用表检查灯头两接线桩，正常有电压。如果无电，说明线路开路，应检查开关、熔断器等的进、出线柱是否正常，从而判断它们是否接触不良或熔丝

熔断。如果开关、熔断器正常,应在线路上检查开路点。首先怀疑的是线路接头处,应从灯头起逆着电流方向逐点解开接头处的绝缘带,假若查第一点无电,第二点有电,则开路点必在这两点之间。修复开关线路,更换熔断器。

(5)停电

查明停电原因及停电点。

2.灯泡发光强烈

故障原因及排除方法:

(1)灯丝局部短路:更换灯泡。

(2)灯泡两端电压高于额定电压:查明原因修复。

3.灯光忽亮忽暗

故障原因及排除方法:

(1)灯座或开关触点(或接线)松动,或因表面存在氧化层(铝质导线、触点易出现):修复松动的触点或接线,去除氧化层后重新接线,或去除触点的氧化层。

(2)电源电压波动(通常由附近有大容量负载经常起动引起):无须修理。

(3)熔断器接触不良:重新安装或加固压接螺钉。

(4)导线连接不妥、连接处松散:重新连接导线。

4.连续烧断熔断器

故障原因及排除方法:

(1)灯座或接线盒连接处两线头互碰短路:重新接妥线头。

(2)负载过大:减轻负载。

(3)熔断器额定电流过小:按容量正确选配熔断器规格。

(4)线路短路:修复线路。

(5)胶木灯座两触点间胶木严重烧毁(碳化,绝缘破坏造成短路):更换灯座。

5.灯光暗红

故障原因及排除方法:

(1)灯座、开关或导线对地严重漏电:更换完好的灯座、开关或导线。

(2)灯座、开关接触不良,或导线连接处接触电阻增大:修复接触不良的触点,重新连接接头。

(3)线路导线太长太细,线路压降太大:缩短线路长度,或更换较大截面的导线。

(4)灯泡选用不当,如额定电压220 V的灯泡接到110 V的电路上。

三、日光灯灯具检修

日光灯灯具维护或发生故障时,可从以下方面进行检查:

(1)检查进线:查看进线有否发生破损而接壳

(2)检查启辉器,查看接触是否良好

通电检查电源、启辉器两端电压,如电压正常,则启辉器故障;如无电压,则表明线路断路。

(3) 检查日光灯,查看灯脚接线是否良好

用万用表欧姆挡检查日光灯的两端灯丝是否断路,灯脚是否松动,灯脚座内弹片弹性是否良好,接线是否良好。

(4) 检查镇流器,查看接线是否良好

查看镇流器外观是否正常,用万用表欧姆挡检测电感线圈阻值是否正常,接线是否良好。

检查室外日光灯具水密状况:

查看灯座及玻璃罩是否有破损,进出线处的水密是否良好,灯座及玻璃罩连接处的水密橡皮是否良好。

检查线路接地:

查看线路是否有破损、是否碰壳,可用万用表 $R \times 10\ K$ 挡或手摇式兆欧表检查线路对地绝缘阻值。

检查线路短路:

检查短路故障时,首先应断开线路电源,用万用表欧姆挡($R \times 1\ \Omega$ 挡)并调零,在线路两端点进行测量,如果测出的数值为零,则该两端点之间的线路存在短路点。被测线路若为多路并联时,应用"逐个排除法"找出线路中的短路支路,再从该支路中查找短路点。

四、日光灯常见故障、原因及排除方法

1. 灯管不发光

故障原因及排除方法:

(1) 灯座触点接触不良或电路线头松散:重新安装灯管,或重新连接已松散线头。

(2) 启辉器损坏,或与基座触点接触不良:先旋动启辉器,试看是否发光,再检查线头是否脱落,排除后仍不发光,应更换启辉器。

(3) 镇流器绕组或管内灯丝断裂或脱落:用万用表测量绕组和灯丝是否通路。

(4) 温度过低造成灯管内气体不易电离放电:灯管的适宜工作温度是 18~25 ℃,使用中要注意环境温度。

(5) 灯管内电子发射物质消耗尽:检查灯管两端发黑,应更换灯管。

(6) 电源电压过低:用万用表检查电源电压,检查电压低的原因,予以排除。

(7) 断电或线路断路:用万用表检查电源电压、线路是否正常,予以排除。

2. 灯管两端发亮、中间不亮且灯丝部位有闪烁

故障原因及排除方法:

启辉器接触不良或内部小电容击穿:出现此现象时可以先换个启辉器试一下,按上述启辉器损坏检修方法检查,小电容击穿,可剪去后再用。

3. 灯管两端发亮、中间不亮且灯丝部位没有闪烁

故障原因及排除方法:

灯管慢性漏气造成的:此时启辉器无论怎么跳动,灯管仍不能点燃发光,应更换灯管。

4.启辉困难（灯管两端不断闪烁，中间不亮）

故障原因及排除方法：

(1)启辉器配用不成套或老化:换上配套的启辉器。

(2)电源电压太低:调整电压。

(3)环境温度低:可用热毛巾在灯管上来回熨烫。

(4)镇流器配用不成套,启辉电流过小:换上配套的镇流器。

(5)灯管发黑老化:更换灯管。

5.灯光闪烁或管内有螺旋形滚动光带

故障原因及排除方法：

(1)启辉器或镇流器连接不良:接好连接点。

(2)镇流器不配套(工作电流过大):换上配套的镇流器。

(3)新灯管暂时现象:使用一段时间会自行消失。

(4)灯管质量不好:更换灯管。

6.镇流器异声

故障原因及排除方法：

(1)铁芯叠片松动:固紧铁芯。

(2)绕组内部短路(伴随过热现象):更换镇流器。

(3)电源电压过高:调整电压。

7.灯管两端发黑

故障原因及排除方法：

(1)灯管老化:更换灯管。

(2)启辉不佳:排除启辉系统故障。

(3)电压不稳定:调整电压。

8.新灯管灯丝烧断

故障原因及排除方法：

(1)电路接错:检查线路连接情况,修理故障点。

(2)镇流器绕组内部短路:绕组短路会使镇流器失去限流作用,流过灯丝电流过大,使灯丝烧断,应更换镇流器。

(3)灯管质量差:由于灯管严重漏气,通电后灯管瞬间冒白烟烧坏,应更换灯管。

第三节　评估练习题（船用照明设备的维护）

- **评估练习题28:安装与检修船用灯具(★TE)**
  评估要素:利用正确的方法安装与检修船用灯具:
  评价标准:

①安装按照船用灯具说明书；
②安装船用灯具满足工艺要求；
③室内灯具安装；
④室外灯具安装；
⑤防爆灯的使用场合及安装；
⑥检查进线,查看进线有否发生破损而接壳；
⑦检查灯具内部,防止内部元件松动,造成故障；
⑧检查照明设备绝缘；
⑨检修处理灯具故障。

- **评估练习题29：白炽灯的检修(★TE)**

评估要素：白炽灯常见故障及排除方法。

评价标准：

①灯泡不发光；
②灯泡发光强烈；
③灯光忽亮忽暗,或时亮时熄；
④连续烧断熔丝；
⑤灯光暗红。

- **评估练习题30：日光灯的检修(★TE)**

评估要素：日光灯常见故障及排除方法。

评价标准：

①灯管不发光；
②灯管两端发亮,中间不亮；
③起辉困难(灯管两端不断闪烁,中间不亮)；
④灯光闪烁或管内有螺旋形滚动光带；
⑤镇流器异声；
⑥灯管两端发黑。

第五章

蓄电池的使用与维护

船用蓄电池有酸性(铅)蓄电池和碱性(铁镍、铬镍)蓄电池两种,采用酸性蓄电池较多。本章主要介绍蓄电池的使用及蓄电池的维护与保养。

第一节 蓄电池的使用

(本节内容适用于:750 kW 及以上船舶二/三管轮、未满 750 kW 及以上船舶二/三管轮)

一、酸性蓄电池的结构和工作原理

酸性蓄电池主要由容器、极板、隔板三部分构成,图 5-1 是开口式酸性蓄电池结构图。容器的作用是盛贮电解液和支撑极板,极板分正极板和负极板两种,正极板是二氧化铅(PbO_2),负极板是海绵状铅(Pb),隔板使正、负两块极板互相绝缘,其上有小孔,以利于电解液流通。

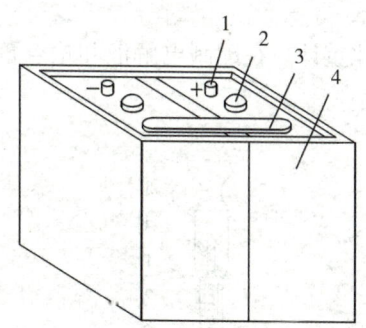

图 5-1 开口式酸性蓄电池结构图
1—电极桩头;2—透气塞;3—连接条;4—容器

酸性蓄电池是利用铅、二氧化铅和硫酸的化学反应来储存和释放电能的装置。

蓄电池放电时会产生水,电解液比重降低;充电时生成硫酸,比重增加。根据这个原理,可以用比重计来测量电解液的比重,以此判断蓄电池的充、放电情况,也可以估计蓄电池电动势的大小。蓄电池的电动势与电解液比重有关,比重高,电动势也高。

一个充足了电的蓄电池,连续向外输出恒定的电流,从放电开始一直到放电终了,电流与放电时间的乘积称为蓄电池的容量,单位是安培小时,简称安时 Ah。例如 6-Q-182 蓄电池,表示它的额定容量是 182 Ah,即以 18.2 A 的电流放电,可连续使用 10 h。

目前,船舶已越来越多地采用免维护蓄电池(全称为阀控式铅酸蓄电池)。阀控是指蓄电池盖子上设有单向排气阀(也叫安全阀),其作用是当蓄电池内部气体压力达到一定值时,排气阀自动打开排出气体,然后自动关闭,防止空气进入电池内部。相比于开口式蓄电池,免维护蓄电池的基本特点是使用期间不用加酸和水维护,电池为密封结构,不会漏酸,也不会排酸雾,减少了频繁维护的工作,既减轻了工作量,又大大降低了危险系数。

免维护蓄电池,并非可以完全放任不管,还是要定期地进行维护和保养,保证蓄电池发挥最佳的工作状态。

在性能上,免维护蓄电池与开口式蓄电池相比没有太大的差别,前者性能要好一些。但免维护蓄电池对温度比较敏感,一般不建议在超过 25 ℃ 的环境下使用,否则电池的寿命会大大缩短;而开口式蓄电池对温度不是很敏感。

二、酸性蓄电池电解液的配制

酸性蓄电池的电解液是用蒸馏水稀释浓硫酸配制而成的。由于硫酸的吸水能力很强,氧化非常剧烈,人体、衣服以及铜、锌等金属和它接触,都会被腐蚀。因此,操作时,必须戴防护眼镜和胶皮手套,以免硫酸溅到皮肤或眼睛上。

浓硫酸的比重为 1.835~1.84,而蓄电池电解液的比重为 1.285 左右。在将浓硫酸和蒸馏水混合,配制成所需的稀硫酸时,只可将硫酸缓慢倒入水中搅拌,绝对不能将水倒入浓硫酸中,否则将会引起硫酸液面爆溅,甚至使容器炸碎,产生严重后果。硫酸在稀释过程中会放出热量使电解液温度升高,为防止损伤蓄电池极板和隔板,必须使配制好的电解液冷却到 30 ℃ 以下才允许注入蓄电池内。

测量液体比重的工具叫作比重计。在配制电解液和检查蓄电池充放电状况时,均要用到它。它的结构如图 5-2 所示。

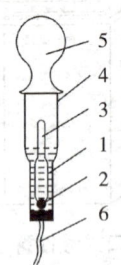

图 5-2　比重计

1—内浮子玻璃管;2—小铅粒或水银;3—刻度;4—玻璃管;5—橡皮球;6—橡皮管

一般蓄电池中的电解液液面高出极板顶部 10~20 mm,测量比重时先捏紧橡皮球,把外玻璃管中的空气挤掉。然后把玻璃管伸入蓄电池顶盖的圆孔中,缓慢放松橡皮球,将电解液吸入玻璃管中,于是玻璃管中的内浮子就按电解液的比重浮起,此时液面对应的刻度数值就是比重,测量好后,将吸管中的电解液重新注入蓄电池中,最后盖好盖子,并清洁表面。

三、测定蓄电池电压和电解液比重

1.用万用表测量单个蓄电池的电压

将万用表打到直流 0~10 V 挡,检查确认单个电池的正负极,然后红表笔接正极,黑表笔接负极,逐个测量单个电池的电压,观察电压的变化。

2.用比重计测量电解液的比重

先对蓄电池表面清洁,然后打开单个电池旋塞,将比重计插入电解液中,吸出电解液,观察浮子的液面位置,逐个测出比重。

四、通过测得的蓄电池的电压及电解液的比重来判别蓄电池的状态

1.蓄电池充满电的判断标准

(1)电解液的比重上升为 1.275~1.310。
(2)单个电池电压变化:
①刚充电时电压即上升至 2.1 V。
②随着充电时间的增长,电压缓缓增至 2.3 V。
③再充电几个小时后,电压升至 2.6 V 左右基本维持不变,说明此时电池已充满电。

2.蓄电池放完电的判断标准

(1)电解液的比重下降至 1.13~1.18。
(2)单个电池电压的变化:
①刚放电时电压即降至 2.0~1.95 V。
②随着放电时间的增加,电压缓缓降至 1.9 V。
③再放电时电压很快降至 1.8~1.7 V,说明此时电池已放完电。

第二节　蓄电池的维护与保养

（本节内容适用于：750 kW 及以上船舶二/三管轮，本节内容适用于：未满 750 kW 及以上船舶二/三管轮）

一、蓄电池维护保养要求

1. 对酸性蓄电池的维护与保养要求

（1）每 10 天左右检查一次电压、电解液高度及比重，并做好记录。如低于规定的值（高出极板 10~20 mm），应及时补充蒸馏水（可以借用比重计吸注），进行充电，然后清洁表面。

（2）不经常使用的蓄电池，每月至少检查一次，并进行补充电。

（3）蓄电池表面，每 3 个月进行一次彻底清洁，清洁时先用软布（或砂纸）擦除接头处的氧化物，然后再涂上牛油或凡士林以防止氧化。

2. 对碱性蓄电池的维护与保养要求

（1）每 15 天检查一次电压、电解液比重及高度，并做好记录，如低于规定值，应及时补充蒸馏水、进行充电，然后清洁表面。

（2）每 2 个月检查一次蓄电池螺丝塞和透气橡皮套管，如弹性失效应换新。

（3）每 6 个月要彻底清洁一次蓄电池的外表面，如有锈蚀，应用煤油擦光。再涂上一层无酸凡士林。

二、维护与保养注意事项

（1）注意保持蓄电池表面清洁，不要有油渍污垢在上面，绝不允许在上面放置金属工具、物品，以防短路损坏蓄电池。

（2）保持极柱、夹头和铁质提手等处的清洁，如出现电腐蚀或氧化物等应及时擦拭干净，以保证导电的可靠性。

（3）平时清单盖好注液孔的上盖，以防船舶航行时电解液的溢出，或海水进入蓄电池里，必须保持通气孔畅通。

（4）蓄电池放电终了，应及时按要求进行充电。

（5）碱性蓄电池充电时，不要取下气塞，以防进入大量碳酸气，而使电解液失效，一般每年或使用过 50~100 次充电循环，应更换一次电解液，要注意保持排气胶管畅通，定期打开气塞排气，防止气体聚集太多而造成蓄电池膨胀。

（6）蓄电池室内要通风良好，严禁烟火。

三、采用分段恒流法对蓄电池进行经常性充电

（1）第一阶段充电电流调整在 1/10 额定容量值上进行充电，充电 10 h 左右，单个电池电压上升至 2.4 V 左右时（蓄电池可能会发出气泡），应转入第二阶段充电。

（2）第二阶段充电电流应调整在 1/20 额定容量值上，再充 3~5 h，使比重达到 1.285 左右。

四、蓄电池的过充电

1. 需要过充电的情况

蓄电池在使用过程中往往由于长期充电不足、过放电或外部短路等原因使极板硫化，从而使充电电压和电解液相对密度都不容易上升。为了使蓄电池良好运行，在下列情况下必须进行过充电：

(1) 蓄电池放电到极限电压以下。
(2) 蓄电池放电后，停放 1~2 昼夜没有及时充电。
(3) 蓄电池极板抽出过。
(4) 以最大电流放电超过限度。
(5) 电解液内混有杂质。
(6) 个别电池极板疏化，充电时相对密度不易上升。

2. 对需要过充电的蓄电池过充电的方法

在正常充电之后，停止 1 h，再以 10 h 放电率的 1/2 或 3/4 的电流进行充电，至冒气泡后停止。1 h 后再充，如此反复进行，直到充电装置刚一合闸蓄电池就发出强烈气泡为止。

五、充放电板与蓄电池试验

充放电板和蓄电池在船上作为一个系统一起进行试验。在充放电板上，可以观察到充电电压和电流，并随时可以根据实际情况调整充电的电压和电流。

1. 试验前应具备的条件

在对充放电板和蓄电池检验以前应完成下列工作：

(1) 充放电板和蓄电池应具有相应船级社的产品质量证书。蓄电池必须有充电记录。
(2) 充放电板和蓄电池组安装完毕、接线正确、接地良好、充放电板上的各类指示仪表均经校准有效。
(3) 同充放电板有联锁的设备均能正常工作，以保证试验正常进行。
(4) 准备好试验所需的检测工具：兆欧表、比重计、万用表。

2. 试验方法和要求

(1) 测量充放电板的绝缘电阻值。用 500 V 兆欧表测量，其绝缘电阻值应不小于 1 MΩ。
(2) 检查充放电板的安全保护装置。检查保护装置动作的正确性和声光报警、延伸报警

的可靠性。检查的内容包括:过载保护及报警、短路保护及报警、逆流报警、断相报警、失电报警及充放电盘绝缘低报警,报警一般要求延伸到集控室。上述报警也可以用综合报警点的形式反映出来。

（3）检查充电情况。充电是使蓄电池保持可用状态的唯一措施,充电电压和充电电流的大小同蓄电池的工作情况有直接关系,所以要求充电电压和充电电流均应能手动调节,方便灵活。

（4）检查放电情况。在开始放电的时候,检查和记录放电电压、蓄电池比重和放电电流。放电半小时后,重新测量蓄电池电压、蓄电池比重和放电电流。

（5）检查蓄电池的自动放电装置是否能在充电或不充电的任一状态下,均能随时自动向应急电路供电。

（6）试验结束时,测量充放电板热态绝缘电阻值,应不小于 $1\ M\Omega$。

第三节 评估练习题（蓄电池的使用与维护）

- **评估练习题 31：蓄电池的使用（★TE）**

评价标准：
①测量船用蓄电池的电压；
②船用蓄电池的充放电操作；
③正确使用万用表判断蓄电池的状态；
④正确使用比重计判断蓄电池的状态；
⑤蓄电池充满电的判断。

- **评估练习题 32：蓄电池的维护与保养（★TE）**

评价标准：
①蓄电池电极的防腐操作；
②蓄电池电解液的补充；
③蓄电池定期充放电操作；
④蓄电池日常清洁。